CONSTRUIR
MUNDOS

Las 7 Columnas Sagradas Perdidas de Dios

Emerson Borrego Ramos

europa ediciones

© 2025 **Europa Ediciones** | Madrid

www.grupoeditorialeuropa.es

ISBN 9791256961412

I edición: noviembre del 2025

Distribuidor para las librerías: CAL Málaga S.L.

Impreso para Italia por *Rotomail Italia S.p.A. - Vignate (MI)*

Stampato in Italia presso *Rotomail Italia S.p.A. - Vignate (MI)*

Las 7 Columnas Sagradas Perdidas de Dios

Desde el principio del principio de la humanidad los números nos han más que acompañado; diría que se han convertido en compañeros inseparables de este viaje tan enigmático que emprendemos en esta aciaga, inefable e irónica vida.

Dedicado a la memoria de Alberto Montejo Revaliente, el hombre con más valor que conocí

CUBA – 1987 (J.U.D)

"La sabiduría edificó su casa, labró sus siete columnas"
Proverbios 9.1.

Pues bien, meditando yo, inmerso ya en el epílogo de mi vida, qué había sido de esta, después de haber escudriñado 7 veces Las Sagradas Escrituras, pude percibir y discernir que Dios sólo me había concedido un Don u otorgado un talento –como reseñarían algunos–, y no es más que el diáfano, místico, sideral y exótico Don de reconocer, dilucidar y estructurar los desconocidos e infravalorados, sagrados números de Dios y el número maldito.

Desde que era un niño me di cuenta de que diferentes números se repetían de variadas formas y en distintas secuencias y fases. Lo mismo los podía ver en la matrícula de un auto, en una dirección, un código postal, en una casa, tratando de contar las estrellas, escuchando una información o que me tocara ese número en la escuela por mi apellido. En fin, por alguna razón que yo hasta el momento evidentemente desconocía, se repetían y se repetían sin cesar. No podía imaginar que esos números significaban unos de los lenguajes de Dios, para decirlo en otras palabras, que Dios, incluso a través de los números puede y quiere hablarnos y dirigirnos siempre hacia su camino, que es el de la verdad y la vida. No alcanzaba a figurarme que los números están perfectamente integrados y estructurados en **Las 7 Columnas Sagradas Perdidas de Dios. ¡Cómo podía imaginar algo tan prodigioso!**

Fue hasta cuando un buen día, un niño me enseñó un libro, el cual nunca había, ni visto ni oído hablar de él, ya que mi familia ni nadie jamás me comentaron nada al respecto. Ese niño era el único en la primaria que en el recreo no jugaba, solo leía un pequeño librito. Esto pasaba inadvertido para todos, pero no para mí. Ambos teníamos 7 años, pero él estaba en otra aula, no lo había visto antes y nunca más lo volví a ver después que terminó ese curso.

Yo llevaba meses observándolo, hasta que un día ya no pude soportar la curiosidad, me acerqué lentamente y le pregunté: "¿amiguito qué lees?". Sin mirarme me respondió: "La Biblia". ¡La Biblia! en mi vida había escuchado semejante nombre. Le volví a preguntar: "¿qué es La Biblia?". Sólo entonces me miró con estupor y me respondió: "¿no conoces las Sagradas Escrituras de Dios?" "¡NO!" le respondí lacónico. De repente el niño la cerró y me sugirió: "ábrela". Su reacción me llamó poderosamente la atención, pero actué con normalidad y la abrí. Me dijo: "Mi preferido, Eclesiastés". Yo balbuceé: "¡eclesias... qué!" Y me propuso: "lee". Exactamente leí el capítulo 7. Aunque yo era un niño bastante inteligente, no comprendí nada, pero me penetró en el cuerpo una sensación tan agradable que necesité seguir leyendo. Sin embargo, el niño me interrumpió: "¿comprendes lo que lees?" La verdad es que yo no hice gala de la sinceridad que me caracteriza y en eso tocó el timbre. Rápido, tuvimos que formar para volver las clases, pero algo sí me quedaba claro, ¡yo quería una Biblia y la quería ya! En mi casa, mis padres se opusieron frontalmente y dijeron que lo que tenía que hacer era sacar mejores notas. Claro, eran ateos y eso sería por encima de sus cadáveres. Así que sólo podía leerla en el recreo y por corto espacio de tiempo. Cada vez que la leía, entendía menos y hacía más preguntas: pero sí podía notar algo: había un número que se repetía, el 7. Me apasionaba abrirla al azar, leer algo y que él me explicara. Yo no comprendía mucho, sólo que él, quien se llamaba Yoan Duniel, era testigo de Jehová, no usaba pañoleta y no saludaba la bandera. No entendía muy bien por qué, pero era así y cuando terminó el curso, no lo vi más nunca y yo seguía sin Biblia.

Esas vacaciones del lejano 1987 se me hicieron bien largas, quería otra vez leer la Biblia. Iluso, desconocía que lo habían cambiado de escuela; yo estaba muy enfadado con su Dios Jehová, que él decía que era él mío también. Y yo ni lo conocía ni lo había visto nunca, pero él aseguraba que me escuchaba, veía y lo sabía todo de mí. Por eso, no podía comprender por qué se había llevado a mi amiguito. Ignoraba que esta vez no sería un amiguito sino una amiguita y no sería testigo de Jehová sino católica, no sería en la escuela, sino que se mudó para al lado de mi casa.

Fue amor a primera vista, al menos de mi parte. Nunca había visto una niña tan preciosa, una india con los ojos claros, pelo azabache, facciones asiáticas totalmente simétricas. Parecía esculpida por el cincel de un maestro del Renacimiento o nacida de las aguas, como una sirena que emerge al alba desde lo más profundo de los 7 mares. Teníamos la misma edad. Yudenia[1] Dulaine. Su abuelo José o, como cariñosamente yo le llamaba, Joscíto, era un católico a la antigua usanza. Tenía altares donde estaba el niño Jesús, me inspiraban gran respeto e, incluso, algo

[1] N de la E: Nombre aborigen de una princesa, hija de un Cacique Habaguanex, nativos de la región occidental de la isla.

11

de miedo. Pero él me decía que el niño Jesús me guardaría de todo mal. Y yo, sin comprender como un niñito me iba a proteger.

Pero por lo menos, él también tenía una Biblia y yo podía leerla junto con el amor de mi vida, ¡cuánta inocencia! Y que feliz era.

Esta vez, sí comprendí que había un nuevo número que también se repetía: ¡el 3! No sé cómo mis padres se enteraron de que yo estaba leyendo La Biblia en casa de Joseíto; y hasta ahí llegó mi idilio en este mundo, pues me castigaron infinitamente por desobedecerlos, **¡otra vez yo enfadado con Dios!**

Mi madre murió cuando yo tenía 10 años. Era diabética insulinodependiente y tenía que inyectarse 3 veces al día. La insulina era animal, de muy mala calidad, y ella, por cierto, estaba ya en un estado bastante deplorable con solo 40 años. Mi papá se fue para Angola a cumplir misión internacionalista y yo terminé viviendo con mi tío alcohólico, alguien que, si no tomaba, era una bella persona. Pero la bebida lo dominaba y me tenía la vida hecha un yogur.

Con 12 años, me encontré junto a un banco del parque un Nuevo Testamento ilustrado para niños: era literalmente un milagro, como si me hubiera estado esperando o Dios lo hubiese puesto ahí para mí. Eso era lo que me agradaba pensar y esta vez no iba a permitir que nada ni nadie se interpusiera entre aquel libro tan especial y yo. Tenía motivos para sonreír, aunque siempre me acordaba de mi madre y no comprendía por qué había tenido que dejarme. Pero bueno… me consolaba con mi nuevo tesoro y, nuevamente, me percaté de que otro número se repetía muchísimo: el 12. Ahí fue cuando empecé a intuir que había números sagrados, pero lo que no sabía eran exactamente sus significados.

Otra vez, iluso de mí, mi tío alcohólico se encargaría de amargarme la existencia. No sé de qué manera descubrió el doble fondo que tenía mi escaparate y me ripió el Nuevo Testamento ilustrado en mi cara. Y, lo que era peor, se lo dijo a mi papá, quien dispuso directamente que me becaran, que ya le faltaba poco para volver de la misión internacionalista. Esta vez el iluso fue él, oficialmente reconocido caído en combate y héroe de la República, nunca se encontró su cuerpo, ni el de ninguno de su batallón. Después de muchos años se descubrió que todo era una patraña de los "comunistoides" que hacían ver que el ejército cubano ayudaba al pueblo de Angola para que fuera libre y resulta que, en realidad, lo que estaban custodiando era la famosa mina de Diamantes de Catoca, la 3 más grande del mundo, mientras Fidel percibía 70 Millones de dólares norteamericanos de la época cada 3 meses, aparte de diamantes y marfil.

Así que, con 12 años, recién empezando 7 grado, era huérfano de padre y madre, con un tío alcohólico y becado en un campo que le decían San Antonio de Los Baños, en una supuesta escuela llamada La Comuna de París. Digo "supuesta" porque a las 7 de la mañana ya estaba en el surco recogiendo papas, con 7 onzas de agua de gofio en el estómago y 29 gramos de pan. Más tarde comprendería que fui un niño víctima de explotación infantil. Era eso o terminar en casa de mi abuela en la recóndita y calurosa provincia de Guantánamo, lo cual no era una buena idea, pero era mejor que seguir becado. Así aguanté 3 largos años, hasta que al final tuve que irme para Caimanera, pueblo limítrofe con la archiconocida

Base Naval de Guantánamo. Desde que llegué, empecé a escuchar rumores: los más ancianos del lugar conocían un trillo que no estaba minado y quien tuviera el suficiente valor de atravesar la Gran Ciénaga y llegara a tocar reja estaba en territorio norteamericano. Esto se decía muy fácil, pero hacerlo era bastante más complicado. Aparte, había una especie de jerarquía que, en el hipotético caso que tuvieras noción del camino, no podías dedicarte a transportar personas y, absolutamente nadie, al menos que yo sepa, jamás incursionó solo en él Pantanal. Aquello era un negocio de dos, del Guajiro Lauro y su hijo Tobita. ¡Quién lo diría!, un anciano y su hijo, el cual no parecía estar del todo en sus plenas facultades mentales, pero por alguna extraña razón que aún desconozco, los dos eran muy respetados, demasiado diría yo.

Mi abuela, una señora de 70 años, parca en palabras y de temperamento fuerte, siempre me prohibió que mirara cuando pasaban personas por el bien conocido Trillo del Norte, que aunque no se dirige exactamente al norte, más bien lo contrario, así se le conoce. Yo sí veía que por ahí se adentraba gente de noche, en realidad escuchaba pasos y alguna que otra silueta habré visto. Pero los únicos que volvían por ese camino eran el Guajiro Lauro y su hijo Tobita cerca del amanecer, que era muy fácil reconocerlos, el padre alto y espigado con el típico sombrero de Yarey, que no se quitaban ni para dormir, con su habitual cojera y el hijo bajito y regordete, con su andar torpe y siempre de último. Esto me llamaba poderosamente la atención, porque también los he visto volver bien entrada la mañana e, incluso, pasado el mediodía. Claro que nunca comenté nada a nadie, pero ni falta que hace, aquí todo el mundo sabe quién es quién, "pueblo pequeño, infierno grande" dicen por aquí.

7 largos años habían pasado desde mi llegada. Sembré arroz, muy difícil por cierto, ya que la tierra es pantanosa de 3 categoría; también fui pescador, en un bote de mala muerte jugándome la vida en un mar esquilmado, para muchas veces ni pescar absolutamente nada; he vendido hasta los coquitos de mi abuela y, por fin, he llegado a ser herrador, uno de los oficios más antiguos del mundo y que por aquellas tierras goza de cierto estatus. Pero en realidad, lo que más deseaba era ser Jíbaro o, como también se le conoce, "Caminante Nocturno" no para dedicarme a eso, sino para poder tocar reja de una bendita vez.

Las personas que no son de Caimanera piensan que lo peor son las minas que hay dispersas por la periferia de La Base Naval de Guantánamo, pero se equivocan. Lo peor son las arenas movedizas: con una mina tienes alguna posibilidad, con las arenas movedizas, ninguna. Además, las minas les han explotado a muchas personas y han sobrevivido y, después, se puede incursionar por esa zona. Pero las arenas movedizas no se cansan de tragar personas y siempre están ahí.

A pesar de que soy herrador y no estoy tan mal como antes, empiezo a desesperarme por llevar una vida solitaria, al ser un hombre poco atractivo, de bajos recursos y sin perspectiva de futuro. En el pueblo, por no haber, no hay ni iglesia. Lo que me queda es llenarme de valor y enfilar el Trillo del Norte o trabajar años, exactamente 7 más, pagarle a un Caminante Nocturno, para que yo pueda tocar reja. Pero, la verdad es que no tengo ni tanto tiempo ni mucho menos paciencia. Mi desespero puede mucho más que el miedo que siento a enfrentar lo desconocido y mis ansias de salir de aquel infierno me pesan más que la incertidumbre que me invade. Pero ¿cómo orientarme en la oscuridad? No se puede llevar ninguna luz porque la detectan. Ahora comprendo por qué razón siempre "jibarean" con luna llena.

Mi mejor amigo, Alberto Montejo Revaliente o, como cariñosamente le llamo, Albertico, está de ánimo resuelto a tocar reja, cueste lo que cueste y pase lo que pase, como dice él. Es mayor que yo, ya tiene 29 años y lleva toda su vida aquí, es pescador y le va de mal en peor. Algo tenemos que hacer y hay que hacerlo ya, ¿pero qué? Dinero no hay y el camino no lo conocemos, desde luego, es el cóctel ideal para un fracaso estrepitoso. Piensa, mijo, piensa –me dice mi amigo–. Pero por más vuelta que le doy, no consigo dar pie con bola, como se suele decir, así pasan días incluso semanas y, nada de nada. Y parece que Dios o no se acuerda de mí, o la tiene cogida conmigo. Al menos la familia de mi amigo es creyente. Son evangélicos y en ocasiones muy puntuales suele ir a su casa el Gran Pastor del Oriente del país, Héctor Luis el Ungido, con el cual muy pocas veces he tenido la fortuna de hablar. Un Varón de Dios, a quien se le respeta mucho por aquellos lares. Oró por nosotros y me hizo el regalo más grande que me habían hecho jamás, me regaló una pequeña Biblia, con unas letras bien diminutas pero preciosa y en perfecto estado. ¡Por fin tenía una!, literalmente había pasado toda la vida esperando ese momento; ya no necesitaría leer la de mi amigo ni la de nadie.

Ya tenía mi propia Biblia, la abrí e inmediatamente algo me llamó la atención: estaba impresa en Brasil, mi país favorito, que me fascina porque cuando era un niño vi la novela *Doña Bella* que ponían en la televisión cubana y las cascadas y los parajes bucólicos que se apreciaban ahí eran de incomparable belleza. Hasta ese momento nunca había tenido nada de mi país preferido. Y ahora, todo era tan idílico, que me preguntaba yo hasta cuándo duraría la alegría. No sería por mucho tiempo, ese mismo día, leyendo el capítulo 40 del Génesis, me viene una super idea; miro a mi amigo, serio, y le digo, "¿sabes lo que vamos a hacer no?" "No tengo ni la más mínima idea" –me responde–. "¡Hay que seguir al Guajiro Lauro y a su hijo Tobita!" –le grité con gran entusiasmo esperando que él reaccionara de la misma manera–. Pero no fue así. Él me respondió con tono circunspecto, "bueno eso es lo que yo siempre he tenido *in mente*, pero nunca te dije nada para ver si se te ocurría algo diferente, pero visto lo visto, esta es la confirmación de que es la única oportunidad que tenemos para tocar reja; hay que seguirlos sí o sí, es o todo o nada, es ahora o nunca." Un júbilo se adueñó de nosotros y se acrecentó nuestro vigor. Nos sentíamos como espartanos antes de la batalla de las Termópilas. Nos fundimos en un abrazo y así quedó establecido nuestro pacto entre caballeros, **AVANZAR O MORIR**.

Sin dudarlo esperamos la próxima luna llena como un convicto su libertad, con ansias desmedida e ilusión desbordante. Aparte, ¿qué nos puede hacer un hombre mayor de unos 70 años con su regordete hijo que incluso parece medio retardado y hace tiempo que peina canas? Más de 40 años tendrá seguro. "Todo va a salir bien" –me dice Albertico–. Y yo sin dudarlo me animo aún más.

Llegó el día y la hora señalada, 29 del 7. A las 12:00 en punto de la noche, salgo por la ventana de donde dormía con gran dolor en el corazón por no poder despedirme de mi abuela. Por mucho que quiero contenerme no puedo evitar llorar cuando emprendo mi caminata en solitario hacia la boca de entrada del pantanal donde hemos acordado encontrarnos. Hay cosas que para que se den, han de ser ocultas. No voy a tener que preocuparme por mis lágrimas porque empieza a llover fuerte sin previo aviso. Menos mal que tengo un nylon para taparme un poco, así que ahorita cuando me reúna con mi amigo un poco más adelante, van a quedar disimuladas. Un muy inusual silencio sepulcral invade la boca de entrada del pantanal, cuando de repente el gemir del Gavilán Negro lo interrumpe. Es un grito penetrante, único, que te hace latir el corazón con fuerza y pone todos los pelos de punta; pero a la vez es melancólico, con un innegable halo siniestro. Es imposible confundirlo y quien lo escucha una vez no desea oírlo nunca más. Es un ave sigilosa, muy rara vez gime El Gavilán Negro, pero cuando lo hace, es de mal augurio: la Muerte acecha y estás avisado. Me dieron ganas de desistir porque soy una persona entre supersticiosa e intuitiva, –típico del sincretismo cubano– aparte de muy creyente en nuestro Señor Jesucristo, claro. Pero había sellado un pacto entre caballeros que tenía que cumplir y ahora no podía retractarme. No obstante, el mal presentimiento había ahondado en mí de tal manera que sabía en lo más profundo de mi ser, que algo no saldría bien. Por eso toqué con fuerza mi Biblia. bien asegurada con cinto en mi cintura como preciado talismán. En realidad, no tenía ni somera idea de lo que me esperaba y, sobre todo, de con quién y dónde me estaba metiendo. Para colmo, estaba lloviendo a mares y, en vez de escampar, cada vez apretaba más torrencialmente. El cielo se iluminaba de un color rojizo bastante desagradable con las descargas eléctricas que caían a lo lejos, ya dentro del pantanal. Por si fuera poco, El Gavilán Negro repitió su gutural vagido del averno. En ese mismo momento, Albertico me tocó la espalda, ¡buaff! ¡qué clase de susto! De milagro no grité: "¡tú eres tonto chico!, ¡cómo me sales así de la nada y me tocas!".

Albertico rio y dijo: "abajo de la Ceiba apenas llueve, refugiémonos ahí de momento y no te preocupes por El Gavilán Negro; son sólo habladuría de los viejos; a mí lo único que me preocupa son los caimanes".
—¡Qué, los "caima" qué!
—¿Ah, no lo sabías?
—No… ¿Qué cosa?
—Los caimanes, ¿por qué piensas que esto se llama Caimanera?
—¡Buaff!, –con eso sí que ni contaba y, a la verdad, en la vida me había hecho esa pregunta; ya fue suficiente.– Voy a regresar.
Albertico sonrió y me respondió: "sencillamente no puedes".
—¿Por…? –pregunté con zozobra–.
Me dijo: "no estamos en casa de tu abuelita, estamos en la **Boca de entrada del Pantanal**; mira cómo está lloviendo, desde el Trillo del Norte hasta aquí está todo inundado, es más peligroso que retrocedas a que avances; ¿tú no te das cuenta de la que está cayendo o qué?; pero, aparte no puedes retroceder".
—¿Por? –le volví a preguntar–.
—Por ahí vienen los Jíbaros, ¿acaso no los escuchas?; vienen con canoas, las van a dejar por acá y van a avanzar con botas de agua, ya que las canoas para más adelante no sirven porque se encallan; pero es lo mejor que nos puede pasar.

—¿Por…? –vuelvo a preguntar entre perplejo y casi catatónico–. Toda esa situación me estaba sobrepasando claramente, mojado y con frío. ¿Pero, cómo podía saber todo eso?, sobre todo, ¿cómo podíamos beneficiarnos en algo de una situación tan extrema? Me dijo, dándome una palmadita en la espalda: "recuerda que llevo bastante más años que tú estudiando a los Caminantes Nocturnos y el pantanal; con la lluvia y el chapoteo de sus botas de agua es imposible que nos oigan y nosotros los podemos seguir de lejos muy fácilmente. Ahora entiendo que Dios nos está dando esta única oportunidad, es ahora o nunca. Pero súbete a la Ceiba volando porque ya casi están aquí.

—¡Buaff! Sabía que no iba a ser fácil, pero no tenía ni la más mínima idea de que incluso antes de penetrar siquiera un paso en el pantanal, ya me iba a estar arrepintiendo.

—¿No crees en Nuestro Señor Jesucristo? –me preguntó mi amigo con impaciencia ya que la situación comenzaba a molestarle–.

—Sí, claro, y eso qué tiene que ver ahora

—Todo, absolutamente todo, Jesucristo es todo y en todos. Colosenses, en el capítulo 3 escrito está; ¿acaso nunca lo leíste?

—No, la verdad que no, –le respondí ya de alguna forma más calmado–.

—Pues ya lo sabes, demuestra tu fe y encomiéndate, que Él puede hacer hasta lo imposible, pero aparte, tenemos un pacto entre caballeros, ¿lo recuerdas?

—Amén, –respondí recobrando el ánimo y tratando de encontrar el valor dentro de mí–.

Me dijo: "has pescado en mar abierto de noche con mal tiempo en un bote destartalado, nos hemos metido en las aguas de reserva de los 'comunistoides' a cazar caguama[2] y nos han tiroteado con AKM que bastante cerca que nos pasó el plomo, tuvimos que escondernos en los manglares y respirar con marabú hueco dentro del agua jugándonos el todo por él todo contra los Tiburones Toro, bien sabes que es un milagro que estemos vivos, puesto que ese es uno de sus negocios más lucrativos y por supuesto que no van a permitir que les robemos nada, ya para robar están ellos. No se sabe quiénes son más peligrosos si los Tiburones Toro o los 'comunistoides'. Hasta un naufragio hemos tenido, cuando estuvimos flotando de espalda y ni sabemos cuántas horas pasamos de madrugada en el mar, ni mucho menos cuántas millas nadamos, sobre todo tuvimos que subir por las rocas diente de perro y nos cortamos todo el cuerpo, que bastante cicatrices que tenemos de ese día, pero llegamos enteros de una pieza, así que; ¡me vas a decir a mí que esta gente que nos va a mostrar el camino y ni se van a dar cuenta de que ellos van delante!, que si pasa algo les pasa a ellos, ¿de qué tienes miedo compadre? ¡A concho hermano no fastidies, esto es casi un paseo por el pueblo para nosotros!"

—¿Y dónde dejas el Kininikú[3]? Tú sabes bien que este es su territorio.

—De entrada, el güije solamente le sale a los que le temen. Jamás, en 29 años que tengo, he escuchado que se le aparezca a un hombre con valor. Pero aparte, ojalá y me lo tope, que le tengo su regalito.

---

[2] N de la E: tortuga marina más grande que el carey

[3] N de la E: En la mitología y el folklore cubano, el Kininikú, conocido como Chichirikú o Güije; es un pequeño individuo de piel oscura facciones grotescas ojos saltones y escurridizo que vive en las zonas rurales, donde nadie lo ha visto bien, pero todo el mundo afirma que existe. Se le atribuye la capacidad de aparecer por la noche a los viajeros y asustarlos hasta infundirles pavor.

—Tú sabes bien que al güije no le entra la mocha.

—Mi hermano, camina confiado y no vivas susto. Ese Chichirikú sabe del palo que se arrasca, pero te repito ojalá y dé la cara que con gusto lo atiendo, muy cobarde él para eso. Siempre recuerda esto, "El que teme padecer, padece ya lo que teme". Mira, en esta mochila tienes unas botas de agua y capa, aparte de pan y tu pomo de agua. Ahórrala, que cuando se acabe no hay más, ya lo sabes, y muévete que para luego es tarde. ¡No te tenía por cobarde!

Esas palabras realmente me llegaron al corazón. Fue entonces por primera vez que pude encontrar el valor dentro de mí, me puse las botas y la capa en un segundo y le dije la única frase en latín que me sabía: *Vulneratus non victus*.

Me respondió: "qué, estás delirando también".

—"Herido, pero no derrotado", en latín.

—Con que latín ¿no?, pues ya que eres tan inteligente mira a ver si te sabes esta: *Audentes fortuna iuvat*.

—Bueno, algo de la fortuna ¿no?

—Pues sí, "la fortuna favorece a los audaces". Sígueme de cerca y, pase lo que pase, no me pierdas de vista.

Nos empezamos a adentrar en el pantanal a buen ritmo para no perder a las sombras de la cordillera, como vulgarmente se conoce a los transportados por los Jíbaros. Es una expresión sacada del ambiente carcelario, porque así dicen los reclusos cuando los conducen a un nuevo Centro Penitenciario. La vegetación cada vez es más espesa y cuesta trabajo seguir el ritmo. Las botas las estoy hundiendo bastante por encima del tobillo. Lo que en principio iba a ser un casi paseo por el pueblo se ha convertido en una verdadera tortura. La mochila me pesa, me siento débil, estoy empapado y no creo que pueda aguantar mucho más tiempo así. Por lo menos la lluvia no es tan copiosa y empieza a amainar el temporal, pero sigue cayendo, como diciéndome "no te librarás tan fácil de mí". El camino se me hace larguísimo y bien tortuoso. Ya no sé ni cuántas horas llevo caminando ni dónde estoy. Apenas veo nada, estoy demasiado extenuado. Simplemente no puedo seguir el ritmo.

Estoy a punto de claudicar cuando de repente nos paramos, pasa algo. No sé lo que será, pero desde luego lo agradezco porque estoy al límite, el agua con azúcar o "milordo", como también se le conoce, y el pan con pasta que me comí a las 10 de la noche, de ellos no quedan ni fotos ni recuerdos. Cuando intento hablar, Albertico me tapa la boca con fuerza.

—Ya casi escampó ahora no puedes hablar más –me dice en el oído–, a partir de ahora tenemos que parar "la guataca" –lo que vendría siendo en cristiano "agudizar la escucha"– y caminar muy sigilosamente pues la lluvia ya no nos encubre ¿Los estás oyendo?

"No" le respondo con la cabeza, mientras me quita la mano de la boca y me dice en voz baja:

—Es imposible que los oigas porque se han detenido. Algo pasa y no sé qué es; esto me huele raro, agáchate y estate atento.

Entonces me terminé de enfangar hasta la coronilla, nos quedamos así cerca de 40 minutos diría yo, me pareció una eternidad; me estaba orinando nervioso con frío hambre sucio y desesperado por salir de ahí. "Se mueven" –me susurra– "pero…"

—Pero ¿qué?, –ya pregunto con impaciencia–.

—No están avanzando.

—¿Cómo que no están avanzando si se mueven?

—Estos van a subir la ladera.

—Pero no tiene sentido. Se están saliendo del camino, esto tiene que ser una trampa, nos han detectado, –entro en pánico–.

—Tranquilo, si nos hubieran descubierto, estaríamos muertos.

—¿Estaríamos qué?

—Recuerda que este es su negocio y no van a permitir que nadie les agüe la fiesta, lo tienen todo bien montado y de paso van armados.

Cuando escuché eso, me oriné un poco en los pantalones:

—¿Pero tú no decías que un anciano y su torpe hijo no nos podían hacer nada?

—Te equivocas, eso lo dijiste tú: yo lo que dije es que todo saldría bien, aparte yo también tengo una Makarov y de las buenas, la especial con el peine largo de 12 plomos, recién engrasada desde el riel hasta el seguro, no se encasquilla mi hermano, parece automática, Jehová tendrá que perdonarme, porque no me voy a regalar tan fácil; si yo me voy, uno de ellos se va conmigo, o los dos, quien sabe.

No sé si sentí alivio cuando me dijo que estaba armado o todavía me puse más nervioso. Apenas podía articular palabras, mucho menos coordinar pensamientos.

—Yo nunca te he hablado del tema, siempre lo he evitado, pero ¿tú no te has dado cuenta del respeto que le tienen a ellos en el pueblo?

—Bueno, eso sí lo he notado y "siempre le he estado dando vueltas a ese asunto". Pero con la única que traté de averiguar algo fue con mi abuela y me respondió que, por mi propio bien, jamás preguntara eso a nadie; que en la vida hay ciertas informaciones que es mejor desconocerlas.

—Pues sí, a su manera, pero te dijo una gran verdad. Me viene a la mente lo que está escrito en Eclesiastés.

—¡Buaff! en ese libro lo que hay escrito es pura sabiduría.

—Hablando de sabiduría, dicen Las Sagradas Escrituras: "En la mucha sabiduría, hay implícita perturbación, porque el que añade conocimiento encuentra el dolor".

—Sí, pero si el dolor es grave, es breve y, si es largo es leve, como dijo Cicerón.

—Al fin y al cabo es dolor. Créeme que no te gustará padecerlo ni por un momentico y lo que no te dijo Cicerón es ¿por qué a esta gente la llaman jíbaros?

—No, eso no me lo dijo.

—Pues te lo voy a decir yo. Eso proviene de una tribu del Amazonas que, cuando captura a sus enemigos, les reduce la cabeza aún estando vivos.

—¿Cómo tú dijiste?

—Lo que oíste. No ha existido ni existirá mayor dolor que ese. El anciano que tú bien conoces, el Guajiro Lauro, se tuvo que batir con unos cuantos en la disputa de esta ruta y cuentan que conserva las cabezas reducidas de sus enemigos. Él camina de esa manera rara porque tiene en el cuerpo, unos dicen 3, otros 7 y algunos, que hasta 10 balazos. El viejo es tremendo asesino y quien se la hace se la paga con creces.

Ahí se me salió el chorro sin control, media vejiga por lo menos. Atónito y perplejo sin tener, yo diría, interconexión neuronal, le dije: "voy a vomitar."

—No te lo recomiendo, te vas a debilitar mucho más, como dijo Virgilio, ya que antes hablaste de un romano ilustre, "soporta, resiste y espera una mañana mejor."

Respiré profundo, inhalé por la nariz, desde luego lo necesitaba, y exhalé por la boca. Lo repetí en reiteradas ocasiones, hasta volver a comprender que lo único que me hacía falta era salir de ahí. Y tenía razón mi abuela, hay informaciones que es mejor desconocerlas. Me costó, pero pude restablecer mi actividad cerebral.

—¿Ya estás mejor?

—Sí, un poco sí. Yo había escuchado que respirar con calma profundamente es muy beneficioso para la salud: Dicen los judíos que en el oxígeno Jehová da una bendición, que sólo las personas que no fuman y respiran a pulmón lleno meditando y disfrutando de la respiración se pueden beneficiar de ella, te alarga la vida y vives más sano.

—Pues no sé si lo que te voy a decir va a contribuir a que vivas más sano o que te alargue la vida, pero por lo menos no vas a vivir engañado, eso seguro.

—¿Y ahora qué pasa, no me iras a decir más nada tan deleznable como hasta ahora no?

—En realidad sí y vas a tener que ser fuerte, sabes, porque todo lo que te he contado no es comparable con lo que a continuación te diré.

—¡No! Espera, espera, ¡que hay algo peor que todo eso!, por favor dime que no, es que ni puedo imaginar que atrocidad será, si puedo elegir prefiero no saberlo, ya aprendí la lección.

—Tú lo has dicho, pero no lo has comprendido, ciertamente la lección estriba en que no siempre se puede elegir, muchas veces se trata de –como se diría en buen cubano– ES OBLIGADO CARABINA, como suele mencionar nuestro respetado Gran Pastor Héctor Luis El Ungido: "Toda dificultad eludida se convertirá en una sombra que perturbará nuestro reposo". Y créeme que esto hace mucho que me está perturbando y tengo que decírtelo, considero que tienes derecho a saberlo y ha llegado el momento.

—Pero… ¿Qué es, por Dios? . Ya me tienes nervioso de nuevo.

—¿Estás seguro de que quieres saberlo?

—¡No!, no estoy seguro, de hecho, en estos momentos no estoy seguro de nada; no sé ni dónde estoy, me siento mal, tengo ganas de vomitar, no tengo ni idea de cuántos peligros puedan estar acechando y, por si fuera poco, hay asesinos en serie cerca de aquí. ¿Y tú me dices que si estoy seguro?

—¡Ese asesino es tu abuelo!

—¿Qué tú dices que no comprendí bien?

—Que ese asesino que anda cerca de aquí es tu abuelo; cuando tu abuela se enteró del primer muerto se separaron, ella se quedó con tu papá y él con tu tío Tobita, ellos eran muy pequeños, no tenían edad para comprender y nunca nadie del pueblo comentó nada por la cuenta que le trae, aparte Tobita tiene algo de retraso y es imposible que reconozca a tu abuela como su madre.

—¡Qué asco, por Dios!, que sórdido todo. Con razón nunca me dirigieron la palabra y siempre me han ignorado; parece que se creen muy especiales, pues a la verdad que se lo agradezco porque tener semejante familia, mejor no tengo nada.

—Pero ese no es el mensaje de nuestro Señor Jesucristo… "Orad por vuestros enemigos". ¿Lo recuerdas?

—Buaff, eso son de las palabras las mayores sabes, todo esto es demasiado para mí. Ya no sé ni qué pensar, porque también cabe la posibilidad de batirnos a tiros con ellos.

—Sí, posiblemente eso suceda, no lo descarto. Como diría el mismísimo Curzio Malaparte: "Hay mucha diferencia entre luchar por vivir y luchar por no morir y entre luchar por salvar la vida y luchar por conservarla".

—¿Entonces, que se supone que debo hacer...? ¿Orar primero por los que voy a matar después u orar primero por los que a continuación me van a asesinar?

—Ni la una ni la otra; lo principal es que pase lo que pase... "La tibieza no se adueñe de tu corazón". Simplemente orar por todos y que Dios en su infinita misericordia nos conceda sobrevivir. "Siempre vive en espera de todo para que nada te cause asombro". Todo puede suceder, ya por lo menos no vives engañado y sabes a ciencia cierta quién es quién, crecer y madurar conlleva tomar decisiones difíciles. "A veces, antes de combatir una desgracia, es mejor ser feliz dentro de ella; se sufre menos del dolor mismo que de la manera como se le acepta; si bien es cierto que soñar el dolor ya es un dolor verdadero, también lo es que sabiendo sufrir, se sufre menos". Aparte, el no ser amado es una simple desventura, la verdadera desgracia es no saber amar.

—¡Coñoo!, pues sí que crecer y madurar conlleva tomar decisiones difíciles, dificilísimas diría yo; hay algo que sí me queda bastante claro y es que ellos no me consideraron de su familia y por lo tanto yo no los consideraré de la mía, si en esta situación tan extrema tengo que escoger entre ellos o nosotros, elijo que sobrevivamos eso está claro; nunca se me ha olvidado una máxima que me dijiste hace mucho tiempo, que posiblemente ni tú mismo recuerdes.

—Yo siempre me acuerdo de todos mis aforismos ya que nacieron de mi vivencia en esta vida y para demostrártelo tendrás que escucharlo nuevamente de mi boca: "En los momentos de incertidumbre un hombre con valor está obligado a tomar una determinación invariable, sea acertada o no, y por haber actuado con denuedo, ya es digno merecedor de ser llamado hombre". No todo el que nace varón, llega a ser hombre, tenlo siempre presente.

—Tengo que reconocer que me has impresionado; no obstante, esto sí te lo voy a pedir encarecidamente: nunca más vuelvas a decirme "tu tío Tobita" o "tu abuelo", te lo pido por favor.

—Muy bien; es tu elección y de hecho es muy respetable, por cierto, nunca olvides que como cristiano debes orar por ellos.

—De momento, como cristiano, lo que tengo es que orar por nosotros; ¿Por casualidad tú tienes alguna remota idea de cómo vamos a salir de aquí?, porque estoy muy nervioso y veo que esta situación cada vez se agrava más, para colmo la gran oscuridad y los matorrales tan grandes no dejan ver casi nada; por si fuera poco la cordillera se ha salido del camino y va por la ladera, y tengo la sensación de que ella no está precisamente cerca de aquí; ¿Tendrías por favor la amabilidad de explicarme cómo es que se supone que vamos a seguirlos?... Pero aparte, ¿Qué sentido tiene que se salgan del camino?, sé que son muchas preguntas y bastante difíciles de responder, pero desde luego alguna que otra necesito saber, porque ya llegué al punto donde esta situación se me fue de las manos.

—Pero a mí no y te voy a pedir que te calmes, respires profundo nuevamente y sólo pienses en esto: ¿Qué te hace pensar que se desviaron del camino?

—Me vas a tener que disculpar, pero yo ahora mismo no tengo la capacidad si quiera ni de controlar mi vejiga, imagínate tú como para responder algo tan complicado.

—Pues es muy sencillo: "La ladera es el camino". Es ahí donde están las minas, por eso se movían tan rápido hasta aquí, ¡esto se va a poner bueno bueno!

No perdía su habitual sarcasmo ni en una situación tan

extremadamente delicada como esta. Y siguió diciendo:

—Así que bordean la ciénaga, hacen el camino más largo pero un poco más seguro, ya que ellos saben la ubicación exacta de las minas y le entran a la base por atrás. Pues sí que son inteligentes estos guajiros. Por si fuera poco, ahora va a ser más difícil seguirlos, de hecho, va a ser imposible.

—¿Cómo tú dijiste?

—Lo que escuchaste. Hay que dejar que se vayan, no tenemos ninguna posibilidad, nos van a detectar al momento.

—¡Qué va! Eso no puede ser, nosotros no conocemos el camino.

—Pero sí, el ritmo de su itinerario: caminan 3 horas y descansan 40 minutos. Sus huellas están frescas en el fango y, aunque me la juego que el tal Tobita siempre va de último con gajos tratando de limpiarlas, a un perro viejo como yo eso no lo despista. Es más, nosotros también vamos a hacer lo mismo, nunca está de más, siempre es mucho más fácil borrar las huellas de un par de personas que las de 7. Hace falta que amanezca ya, necesito ver dónde exactamente estamos. Recuerda que yo siempre seguí las sombras y me guiaba por el chapoteo de sus botas, pero cuando se detuvieron, me desconcertaron; al reanudar su marcha los escuché ya en la ladera, eso está muy raro, hay algo que no me cuadra, no me quiero imaginar que sea eso.

—¿El qué? ¿Qué cosa? Habla, por Dios

—No voy a decirte nada de momento, no resolvería nada, al contrario, empeoraría la situación, pero me da en el hocico que sí.

—Pero, que sí ¿qué? Dime ya ¡por favor!

—¿Estás seguro de que quieres saberlo?

—Pues mira que sí, ya a estas alturas me he dado cuenta

de que hoy es mi día de saberlo todo, y más que nada porque ni siquiera sé, si llegaré a mañana.

—Muy bien, tú lo has querido así y debo confesar que me encanta tu actitud, pero prepárate sabes, porque tenemos más de un 70% de estar o muy cerca o incluso dentro de las Arenas Movedizas.

—Si en ese momento no me dio un infarto es porque nunca me va a dar; terminé de orinarme completamente encima mientras me sujetaba de él con desespero.

—Quita chico, estate quieto y no hagas ningún movimiento brusco; incluso aquí hay un camino, pero necesito verlo, la tonalidad de la arena te lo indica.

—¡Ay!, entonces estamos rodeados de caimanes, ¡vamos a morir!

—Pero no seas tonto, mijo, los caimanes están dentro de la ciénaga. ¿Cuándo tú has visto caimanes en arenas movedizas?, los animales muchas veces son más inteligentes que las personas, poseen su instinto ancestral, saben que no pueden andar por ahí, su propio peso los hundiría. ¿Acaso sabes cuanto pesa un caimán?

—No tengo ni idea, pero intuyo que tú me lo dirás.

—Tranquilamente 3 veces más que tú y, créeme, esos bichos son de todo menos bobos.

—Sí, no, no, sí, asentía yo con la cabeza y con mi voz negaba. En realidad, ya ni sabía lo que decía.

—Caimanes no, pero…

—Pero qué, ¡por Dios!

—Los ofidios no los descarto.

—Los, ¿ofi… qué?

—Serpientes, mijito, y esas sí que son super peligrosas.

—¿Cómo tu dijiste? Dios mío, "sálvenos".

—Pero bueno, no es problema que mi mocha no pueda solucionar, la afilé con mimo para la ocasión… ja, ja, ja. Eso sí, si te inoculan ellas primero, te vas para el barrio de los acostados en 3 minutos.

—¡La temida "3 pasos"! exactamente estamos en sus dominios, exclamé con lamento.

—Pues sí, sólo que te falta la barba amarilla. Esa tampoco se queda atrás ja, ja, ja.

Parecía que se divertía con mi miedo o, no sé si era su forma de autocontrolarse; sea como fuere, me tenía desconcertado.

—Pero ¿cómo el Guajiro Lauro se pudo guiar en la oscuridad?, esa sí no la vi pasar –dijo Albertico con cierto desdén, o al menos yo percibía eso, aunque bueno en realidad ya yo no percibía nada, me conformaba con simplemente llegar a pisar la ladera....–.

—Mira tranquilízate, evidentemente hasta ahora no hemos dado ningún paso en falso, porque si algo tienen las arenas movedizas es que no te dejan desayunar ja, ja, ja... –y se rio él mismo–. Yo me voy a comer mi pan aquí mismo, que tengo tremendo perro hambre y muy bien que me lo he ganado. Te recomiendo que hagas lo mismo y recuperes fuerzas porque aquí amanece temprano y, nada más pueda vislumbrar las tonalidades de la tierra, seguiremos rumbo a nuestra libertad. Tú tranquilo, que ya estamos a mitad de camino; yo estoy más apurado que tú porque ahorita esta gente vuelve y no quiero que nos cojan por sorpresa, porque ahí sí que se va a armar la gorda. Tenemos que reanudar nuestra travesía y sé que será larga, angosta y estrecha. ¡Anda!, exactamente igual que el camino que conduce de la oscuridad a la luz, ja, ja, ja... Como escribió nuestro apóstol nacional Pepe Ginebrita, digo, José Martí, La razón ley suprema del espíritu ha de ser constante y esencial.

¡Cómo podía alguien sonreír y estar de tan buen humor en semejante situación!, no sé si se había vuelto loco o era un ser creado carente de temor. No sabía qué pensar. En realidad, no sabía qué pensar de nada en general, porque hacía muchísimo tiempo que la situación me había desbordado.

—Por cierto, hueles un poco raro. ¿No te habrás hecho caca, no?

—No, caca no, pero me oriné –le confesé con vergüenza–.

—¡Coño, mijo, no me vayas a tocar que estás todo cacharreado!, ja, ja, ja… Te voy a poner "cacharrito" a partir de ahora ja, ja, ja… tranquilo, eso ahorita se seca con el fango. Eso sí, no te vayas a cagar en los pantalones, más que nada porque, aunque nos podamos esconder en la ladera, ¡los caminantes nocturnos nos detectarían con tu pestazo, ja, ja, ja!

Hasta yo tuve que sonreírme, nunca había conocido antes que a él a alguien así tan natural, valiente y de buen humor, desde luego después de él, ni por asomo nadie lo igualó jamás. ¡Qué bien catalogaron los norteamericanos en la Guerra de los 10 años a esta especie de cubanos! "Mambí" los bautizaron, que no es más que el anglicismo de las palabras *man* (hombre) y *be* (verbo ser o estar), o sea literalmente "siendo un hombre". También la palabra "Guajiro" proviene de esa época, *war hero* (héroe de guerra). Yo, siendo cubano, ni soy guajiro ni pertenezco a la estirpe mambí, es duro pero innegable. Me comí mi pan con inusual calma, de alguna manera había podido comprender que estaba acompañado, además de por un amigo y hermano, también por un verdadero hombre en el más estricto sentido de la palabra; no en vano se apellidaba Revaliente.

Me acosté entre el yerbajo y el fangal, más que nada porque lo necesitaba, con mi mochila de almohada con la capa envolviéndola, debo confesar que estaba hasta cómodo, la extenuación tanto física como mental influyeron bastante, ya lo sé, pero bueno me sentía con ánimo y confiado, siempre me encomendé a Dios: "Dios mío, a Usted no le llaman El Misericordioso por gusto. Aleje de nosotros todo mal y muéstrenos el camino. Bendito sea su santísimo nombre Jehová, amén". Boca arriba, mi cuerpo inerte, contemplando como había pasado la tormenta y empezaban a dejarse ver algunas estrellas. ¡Qué inmensidad la del firmamento!, ¡cuánta majestuosidad!, con razón dice La Palabra que los cielos de los cielos no pueden contener su gloria. ¡qué excelso todo aquel espectáculo natural! Y yo, en medio de la maleza, totalmente vulnerable, dependiendo única y exclusivamente de la benevolencia del Señor para hallar el oportuno socorro, como escribió Saulo de Tarso: "Pero tuvimos en nosotros mismos sentencia de muerte para que no confiásemos en nosotros mismos, sino en Dios que resucita a los muertos". Desde luego, es una vivencia única e incomparable. Absolutamente por toda la vida recuerdas esa madrugada a la intemperie, deja una huella indeleble en tu alma, y casi logras en el silencio de la noche y con el susurro del viento comprender la magnanimidad y los designios de Dios.

Pues bien, por increíble que parezca, yo imbuido por el éxtasis y la sensación tan placentera que me embargaba, pude conciliar el sueño. Era impresionante que pudiera dormirme en esas circunstancias, pero así aconteció. Me encontraba sumergido en un idilio de sueño, cuando Albertico me despertó.

—¡Mueve el pudin que se te pega!

—Qué, cómo, cuándo…

—Oye… Que estabas hasta roncando, chico. Ya asoman las primeras luces del alba y dejan vislumbrar la tierra. Menéate que, **Esto Empieza Ahora,** no podemos permanecer aquí más tiempo.

Aún somnoliento me puse en marcha.

—¡Gateando! –me dijo–.

—¿Cómo?

—Lo que oíste, gateando detrás de mí, no puedo ver bien todavía las variaciones de color de la tierra, pero casi; aparte, sí puedo palpar su textura; no estoy seguro, pero creo que eso fue lo que hizo el Guajiro Lauro. Tú gatea detrás de mí y coge estos gajos y pásalos por debajo de tu cuerpo y vas abanicando entre las piernas para disimular las pisadas, porque ya la tierra a partir de aquí está más seca y sí se van a notar nuestras huellas; cuando te canses con una mano lo haces con la otra, no tienes que hacerlo rápido, pero sí tienes que hacerlo bien. ¿Lo has comprendido?

—Perfectamente.

—Pues para luego es tarde.

Nunca había gateado tanto, yo diría que ni de bebé, aparte con la complejidad de los gajos que era muy agotador, ya estaba bastante cansado de nuevo y a punto de no poder avanzar mucho más, cuando de repente me dice Albertico:

—¿Y esto qué cosa es?

—¿Qué, qué cosa? –le pregunto asustado–.

—Cruces de madera.

—¡Cruces de madera! –era lo último que me podía pasar por la mente que habría ahí–.

—Pues sí, estos tabloncillos de madera no son naturales

de aquí, aparte la disposición que tienen, están claramente gritando peligro. Estas son las que lo antiguos le llaman Cruz de San Andrés". Está claro que esto es obra de los caminantes nocturnos; ya comprendo cómo es que se guían en la oscuridad así que no podemos seguir recto. Pero ¿ahora para dónde es?

—¿Qué sé yo?, tú eres el experto; déjame ver una.

—No, no la toques y déjala en la misma posición que está. Levántate y mira si ves otras.

—Espera, déjame caminar.

—NO, hombre te dije ver, no caminar. Deja, deja, no hagas nada. Aparte, mira hacia adelante, ¿qué ves?

—No mucho, la verdad.

—¿Acaso no ves que la vegetación cambia? Ya no está tan densa.

—Ahora que lo dices, sí.

—La cruz cumple doble función, aparte de peligro también grita cambio de sentido.

—Peligro desde luego, pero cambio de sentido, aquí no hay ningún cambio de sentido.

—Por supuesto que sí, hay que ir bordeando este margen de la espesura en dirección a la ladera; ten los ojos bien abiertos que ya se ve mejor, sigue despacio con los gajos quitando huellas, que ya aquí podemos caminar, pero agachados, claro.

Se me hizo interminable llegar a la ladera. Cuando estábamos a unos 70 metros de ella me dice mi amigo "los Jíbaros ya vuelven, metámonos en la espesura y no hables nada hasta que pasen". Pasaron a menos de 7 metros de nosotros, demasiado cerca para mi gusto. Literalmente, estaba danzando con la muerte, esperamos a que se alejaran unos 10 o 12 minutos. "Despacio, vámonos ya –me dijo Albertico–, estamos bastante más cerca de lo que creía".

Por fin una buena noticia, me llenó de júbilo esperanza y fuerzas renovadas.

—Menos mal que veníamos bien despacio y agachados; un poquito más y nos descubren, estuvimos cerquita cerquita". ¿Te diste cuenta por dónde venían?

—Por la ladera ¿no?

—Bueno en realidad, bordeándola, definitivamente tengo que reconocer que Dios está con nosotros. ¡Qué clase de perdida nos íbamos a dar!; ya estaba pensando en subir la ladera, aparte, que iban a ver acá nuestras huellas, porque aquí en la ladera con esos gajos que tú tienes no se pueden encubrir las pisadas, ya en este tipo de tierra es casi imposible disimularlas. Pero en cambio mira las de ellos que bien las encubren.

—¿Qué ramas serán las que utilizarán? Bueno, no sé para qué te pregunto, si al final, nunca me respondes nada.

—Pues mira que esa sí te la voy a contestar.

—¿De verdad?, ¡WAOO! Esto sí que es un milagro.

—Pues tú, sin querer lo has dicho.

—¿Qué he dicho qué?

—Has dicho GUAO, son matas de guao.

—¿Guao?, si yo creo que eso no existe ni en esta provincia

—No sólo en la provincia, no existe en esta región del país, eso sólo se da en el occidente; la única que tiene matas de guao en esta parte de Cuba se llama Delia Rogena.

—¡Tu abuela! –que calladito se lo tenía–.

—Sí, tú sabes que es muy prudente; pero lo que te puedo asegurar es que se le abren esos tallos y no se le secan. A ella le enseñó su abuela desde pequeñita y es una tradición de abuela a nieta, es imposible que sea de otra manera, esa planta para que se dé no la puede tocar hombre ni mujer con edad de menstruación. Date cuenta que mi tatarabuela, que fue la que le proporcionó esa sabiduría ancestral, era una india descendiente de aborígenes esclavos, que un español asturiano se enamoró de ella y pagó su libertad; ella tiene mucho conocimiento y buena mano para todo ese tipo de arte místico de la naturaleza. Con eso se ganaban la vida cuando vivían en la montaña del Alto del Dajao, para las quemaduras esas ramas son lo mejor que hay, pero tienen que estar bien abiertas, porque si no es así, por mucho que te afanes, es por gusto. Yo reconozco ese rastro, el olor y los gajos a leguas. Esa mata es delicada incluso hasta para regarla y cortarla, porque tiene que ser de noche, no puede ser antes de las 10 y mucho menos, después de las 12, no sé por qué, pero es así, y por lo que veo no es la única, tengo entendido que los espárragos e incluso la famosa Cannabis Sativa, para que sea de buena calidad, se cortan y recogen en ese horario. En fin, que tiene lo suyo y hay que saber. Como diría mi abuela: "Si no sabes, no te metas". Y hablando de meter, al que he visto metido a veces en casa de mi abuela por la noche era al tal Tobita comprándole todo el Guao, ahora entiendo por qué. Y yo, de inocente, pensando que él se lo llevaba a personas con quemaduras, Dios que me perdone, pero si me tardo un poco más en nacer, creo que salgo tonto.

—Vaya, vaya… de lo que se entera uno.

—Está muy interesante la conversación, pero tenemos que continuar. Sígueme de cerca pendiente del borde de la ladera, que es zona de serpientes, y bota esos gajos que ya no nos hacen falta.

—Espera, dame un poco de agua.

—¿Y la tuya?

—Se me acabó.

—Lo primero que te dije que la ahorraras, y ahorita va a salir el sol y va a apretar fuerte, nos quedan algunas horas todavía de caminata, ¿sabes?

—Sí lo sé, pero tengo mucha sed y la necesito.

—Yo también tengo mucha sed y la necesito. O qué te piensas, ¿Que soy un dromedario? Pues no. Yo te lo advertí: bueno es lo bueno, pero no lo demasiado. A lo mejor más adelante hay agua o alguna fruta, aunque lo dudo. Te digo que, si me llego a imaginar esto de ti, vengo solo; y tú sabes bien que tengo pantalones para esto y mucho más. "Acaba de comportarte como un hombre ya, coño, que vengo soportándote todo el camino con tus tonterías y cobardía. Ya me hartaste y apura el paso que estoy loco por ver la Base".

Por cierto, en la vida me había hablado así. Se ve que incluso las personas más joviales y generosas tienen su límite, bien reza ese dicho: "El que lo dio absolutamente todo, tiene derecho a no dar más".

Nunca había tenido tanta sed; "ni en los surcos de las becas", ¡y eso ya es mucho decir! Empezamos a bordear la ladera que a su vez era el límite de la ciénaga, por un trillo que apenas se dejaba ver por el fango y los yerbajos. Mientras más caminaba, más tenía la sensación de no llegar a ninguna parte. No podía ya seguir su ritmo. Un resbalón aquí es fatal, "dale más suave", le dije con voz trémula, ya que estaba bastante débil. El sol estaba empezando a calentar.

—Ponte la capa.

—¿La capa?

—Sí, la capa. ¿también estas sordo ahora?

—Pero para qué, si no está lloviendo.

—Te va a proteger del sol. Aparte mira el trillo como va subiendo poco a poco pasando entre las cuevas, y eso que parecen hojas alargadas, en realidad son bayas espinosas: te das cuenta una vez que te han abierto la carne, por mucha mocha que yo dé, si te roza alguna, de que te abre la carne, te la abre.

—Pero la capa, ¿no la tienes tú?

—Yo tengo la mía, ¿Qué? ¿Tampoco tienes tu capa?

—Pues no la tengo, ahora que lo mencionas, de hecho, no tengo ni la mochila ni mi Biblia y; esa sí que es muy mala noticia porque mi Biblia es mi talismán, no sé ni dónde se me cayó.

—¡Te digo yo lo que es muy mala noticia!: Resulta que dejaste todo eso botado en el medio del camino cuando descansamos y a esta hora ya los jíbaros se habrán dado cuenta, así que puedes estar seguro de que en estos momentos vienen a por nosotros ciegos de cólera, porque nos hemos burlado de ellos como nadie lo hizo jamás. ¿Tú sabes lo que significa eso, verdad?

—Bueno, más o menos sí.

—¡Más o menos sí! Aquí hoy va a correr bastante sangre, eso tú ni lo dudes, de hecho, ya tienen que estar a media hora de aquí, como mucho 40 minutos. Esa gente por acá vuela de noche, imagínate de día. Menos mal que me di cuenta, "gracias al Dios del cielo", tanto lío con los gajos y con encubrir las huellas y resulta que lo dejas todo en el medio del camino. ¡Vaya, vaya, te la comiste caballo! Coño si lo hubiera sabido antes me los hubiera bajado a los dos cuando los tenía a boca de jarro, mira ponte delante y empieza a dar mocha como un loco a todas esas bayas espinosas y si te abren la piel, ya se te cerrará, porque créeme que es preferible a que te impacte el plomo de esta gente, Dios no lo permita, ahí sí que la herida no se cierra, esa gente no se anda con chiquitas; yo sé que tienen una 12 recortada, pero a mí no me van a coger por sorpresa, yo también le llevo carta a la retaguardia, de todas formas ya yo sabía que por muy bien que lo hiciéramos, esto sería inevitable, siempre en todos estos tipos de asuntos escabrosos se termina a plomo limpio. Después de todo esto te va a venir bien, hoy tú te haces un hombre, como que yo me llamo Alberto Montejo Revaliente.

Tenía tanta tensión y presión encima de mí, que junto con lo enfadado que estaba conmigo mismo, por la estupidez y el craso error que había cometido, que se puede decir que la sensación que tenía en el cuerpo era de desespero, pero no miedo, era de frustración, pero no temor, verdaderamente tenía ganas de caerme a piñazos yo mismo y sólo atiné a decirle:
—Mira, si todo el camino vinimos bordeando la ladera, ¿para qué subir y meternos entre las cuevas?
—Porque el trillo sigue por ahí.
—Pero por aquí podemos seguir avanzando más fácil, el trillo empieza a subir la ladera y no tiene sentido.
—Lo que no tiene sentido es lo que te voy a decir ahora, pero así es, nada más terminemos de subir la ladera, voy a compartir mi agua contigo, así que ponte a dar mocha a todas esas bayas, que ya estamos a punto de ver la Base y coronar mi hermano. Tú tranquilo que de estos piojosos me encargo yo.
—"¡Aleluya!" –me salió del alma–.

Nunca lo había dicho con tanta emoción y sentimiento. De repente olvidé todas mis penurias, ya no me importaba que me cortaran las bayas espinosas, el sol, las serpientes, los asesinos en serie, lo que fuera. Estaba loco por tomar agua, esa palabra retumbaba dentro de mí una y otra vez. Era mi melifluo. La persona generosa es muy fácil distinguirla, porque ella no da de lo que le sobra, sino que comparte lo poco que tiene y aunque quiera evidenciar lo contrario, al final no lo consigue y aflora su verdadera personalidad. "No sin poco esfuerzo" ascendimos a un promontorio, las bayas espinosas apenas me cortaron. La mocha de Albertico realmente estaba muy afilada y daba gusto ver como las desintegraba.

En esa especie de saliente teníamos una vista privilegiada de la majestuosidad de la famosa Base Naval de Guantánamo. Parecía un gigante dormido, esplendorosa confiada e impoluta, sin visos de mácula o señal de deterioro. Estaba contemplando mi sueño de hacía años, mientras daba buena cuenta de la última poca agua que nos quedaba, me supo a gloria bendita. Pude comprobar cómo me refrescaba hasta el tracto digestivo, diría yo. Noté como cada célula de mi cuerpo se hidrataba, como festejaba mi lengua y celebraba mi garganta, toda la vida había pasado por alto el inmenso placer y la gran bendición que es simplemente beber un poco de agua. "Con razón los judíos hacen una oración de agradecimiento antes de tomarla".

Con buen ánimo, fuerzas renovadas y la moral por las nubes le digo a Albertico: "Dicen que ahí adentro hay incluso hasta un McDonald's".
—Pues me comería un toro ahora mismo ja, ja, ja…
—Y, ¿cuánto crees que hay hasta la reja?
—No lo sé exactamente, pero serán 10 cuadras por ahí, como mucho 12 ya que hay que darle la vuelta porque le estamos entrando por atrás.
—Pero tú no te has dado cuenta de algo ¿no?
—Oh, por favor, no me digas lo que estoy pensando…

—Pues sí, señorito, acá termina el trillo, eso significa que la cordillera de los caminantes nocturnos es exactamente hasta aquí.

—¿Y entonces, mi hermano?

—Pues eso, eso mismo que estás pensando.

—Na, na, na, ¡qué tú dices!, ¡coñoooo!

—Oye para luego es tarde. Ni te lo pienses, Aparte, que no es optativo, es **avanzar o morir**, lo recuerdas, ¿no?

—Pues sí, pero le zumba, esto está altísimo y despúes hay que nadar cantidad; aparte ni sé la profundidad que hay…

—No, de que está hondo, está hondo…

—¡Qué va! Tiene que haber otra forma; ¡no es posible!

—Hombre, se ve que todo el mundo lo hace, porque desde aquí es que no hay otra manera y, sí hemos llegado hasta aquí siguiendo el trillo y estamos intactos de una pieza, ¿por qué vamos a improvisar ahora? Así que vamos los dos juntos, dame la mano contamos hasta 3 y… que sea lo que Dios quiera.

—Espera, espera, voy a orar, La Palabra dice: "mandará sus ángeles cerca de ti y te guardarán en todos tus caminos". Me acuerdo muy bien que aquella vez que naufragamos, con el apuro de salir antes de los otros pescadores, resulta que ni pescamos nada y por poco nos ahogamos. Tú sabes bien que, de milagro nos salvamos. Yo quedé más que escarmentado.

—Bueno yo no pierdo más mi tiempo contigo: Es más, coge mi capa y la mochila, nada de esto me hace falta, ya yo voy a tocar reja, quédate con la mocha y la pistola… ¿Sabes usarla?

—Nunca he utilizado ninguna.

—Es muy fácil, mira como la sostengo en mi mano con fuerza, esto que ves aquí es el seguro, para arriba está puesto y por lo tanto no dispara, pero ahora ya se lo bajé, y en esta Makarov de peine largo tienes exactamente 12 tiros que se accionan por este gatillo, cualquiera puede ha...

No había terminado de explicarme; "cuando lo alcanzó el primer plomazo en el hombro", que fue el único que me rozó, –con la misma me tiré al suelo y pude ver como él avanzó sin el pánico que a mí me sobrecogía–, "en un derroche de valor, caminando hacia su muerte y para proteger la mía, a boca de jarro, unos 10 o 12 metros como mucho se batió a tiros con los jíbaros", todo pasó extremadamente rápido, sientes disparos y el corazón como te late descontrolado, sólo deseas en ése instante resguardarte y tratar de que no te impacten, literalmente no hay tiempo ni valor para nada más; al menos para mí: pero no para él. Él tuvo el suficiente arrojo, determinación coraje y tiempo de vengar su propia muerte por partida doble, así en un abrir y cerrar de ojos, dejé de escuchar los desagradables ruidos que emiten esos artilugios creados para cegar vidas de hombres de entrañable e ilimitada personalidad y trascendencia, temblando avancé gateando hacia su cuerpo que yacía inmóvil bañado por su propia valerosa sangre. Totalmente anonadado, sin poder salir de mi ensimismamiento, tratando de razonar lo más coherentemente posible y de mantener la calma, me empezó a faltar el aire.

Me encontraba solo, abatido hasta el alma y sabiendo a ciencia cierta que era imposible revertir la situación. No lejos de él también yacían dos cuerpos inertes, con los cuales, por mucho que me costara reconocerlo, teníamos parentesco, pero con mi amigo, "teníamos la consanguinidad de nuestras almas". Así sin proponérmelo, había presenciado 3 ejecuciones en un instante, ese es el instante que ha quedado marcado en mi corazón, dejando una huella indeleble y un dolor perenne por la pérdida de alguien único, de generosidad superlativa y desmesurada relevancia.

¡Noo! ¡Alberticoo, hermano mío!, lo abracé tan fuerte como pude, imaginando que con ello podía volver el tiempo atrás y que todo fuera como antes, suspirando por la ilusión de que existiera la más remota posibilidad de que él reaccionara y prosiguiéramos nuestro camino. "¡Nooo!,¡No me dejes hermano mío!". Grité con todas mis fuerzas, pero nadie me escuchó, ni siquiera él, desgarrado y consternado por el gran dolor que sentía, comprendí que él tenía razón, pues ese era el día en que yo me convertiría en hombre. Tengo que darte cristiana sepultura hermano; pero ¿cómo?, cavar no puedo y el tiempo me apremia, he decidido que en el pináculo en que estamos será su túmulo mortuorio natural. "Ningún otro cadáver puede estar aquí", con la misma rapidez que lo decido, me empiezo a deshacer de ellos. Uno primero lo arrastré y arrojé por el desfiladero por donde no hacía mucho mi amigo iba a saltar y, cuando voy a empujar el segundo occiso por el saliente que da al río Guantánamo, en el preciso instante que lo empujé, resbalé –Fuaff–; de lo único que pude echar mano fue de una muy delgada planta de las que crecen en los bordes de los acantilados.

Es taxativamente un milagro que pudiera agarrarme de ella, parecía puesta ahí como por arte de magia y, sobre todo, que una matica tan ínfima y extremadamente fina aguantara todo mi peso. Desde luego eso no tiene explicación racional, ni que puedan decir que sus raíces son muy profundas o que su tallo es muy resistente. Yo sé lo que viví y cada vez que rememoro aquel momento puedo sentir la inconmensurable fuerza de la clemencia de Dios:

incluso una hebra, sí es su voluntad, puede sostenerte. Es inexplicable, desde luego, pero tan real como la vida misma.

Retrocedí unos pasos medio mareado y me caí. Tenía la necesidad de separarme de ese colosal precipicio, pero las piernas no me respondían. Me arrastré y me ayudé con los brazos hasta caer boca arriba al lado de mi amigo, jadeando desmedidamente; demasiadas emociones muy fuertes y seguidas para un pusilánime como yo. Muy lentamente me fui recuperando y calmando. Pausándose mi ritmo respiratorio, de tal manera que entré en un letargo, una especie de suspensión atemporal. El sol no me dejaba abrir los ojos. Sentía en las manos lo que podría describir como una fusión de calambre y hormigueo, no atinaba a palpar. Ni siquiera escuchaba nada, ya no podía pensar, pero hay un sentido que, pase lo que pase, es incorruptible y nunca ni se deforma ni se pierde: el olfato no traiciona. Muy tenuemente empecé a percibir un aroma suave y muy agradable, diferente de todas las fragancias hasta ahora por mí conocidas. "¿Qué estoy oliendo?, el viento no puede ser". Divagando absorto en mi precario razonamiento recobré lo que podría llamarse el sentido común, aun siendo el menos común de los sentidos y me dije: "Tengo que salir de aquí ya". Pero ¿para dónde?

Tratando de incorporarme, pude divisar algo de lo que había escuchado, pero nunca visto: un ser con identidad propia, muy sencillo, pero no carente de una innegable elegancia, vestido con un atuendo celestial con tonalidades vívidas, coronado con retoques en pespuntes de oro, no en vano el mismísimo, Nuestro Señor Jesucristo, El Misericordioso en Las Sagradas Escrituras habla de él. Estaba a mi lado y yo sin saberlo, pero sí pudiendo olerlo, un esplendoroso, exótico, reluciente y angelical Lirio Violeta de 3 pétalos de puntas amarillas. ¡Qué preciosidad de flor!, con razón la corona de príncipe porta engastados como estandarte 3 lirios... "¿Pero ¿cómo no lo vi si estaba ahí antes?". –No evidentemente no estaba ahí–, pude percibir que había nacido de la sangre derramada de Albertico, totalmente pulcro, regio y señorial, sin ningún género de dudas es buen augurio, es el símbolo inequívoco de que mi Señor recibe a mi gran amigo en su seno y me exhorta a que continúe. ¿Pero cómo? ¿por dónde?

Definitivamente es momento de hacer lo que le estaba sugiriendo a Albertico antes de que nos dispararan, tengo que ORAR y lo necesito desesperadamente, por él primeramente y por mí también, orar es siempre altamente recomendable. Me arrodillé y dije: "Dios mío santo, dele luz y paz a mi amigo en su santísimo reino, soy sabedor que escrito está: En la casa de mi Padre, muchas moradas hay, que la insensatez no me nuble el juicio y mis ansias no dobleguen mi cordura. Jehová de los ejércitos que mora entre querubines, Dios mío tenga benevolencia con su siervo, concédame mi petición y, sí es su voluntad, muéstreme el camino. –Porque lo que sí sé es que por el acantilado es imposible–. ¡Abba, Padre!"

Esperé, miré a mi alrededor, estuve atento a alguna señal, la que fuera: el cambio de dirección del viento, por ejemplo, o que directamente me hablara un ángel, ya en ese lugar cualquier suceso podría acontecer por improbable que pareciera, esperaba algo sobrenatural y no tenía dudas de que así sería. Pero no, absolutamente nada pasó, tenía que tomar una decisión y tenía que ser ya. Los segundos pesaban como minutos y los minutos como horas.

Lo más aconsejable era repetir la oración, pero más despacio, mucho más despacio, literalmente disfrutándola. Si era la última que haría en esta vida, no sería con desespero; un instante de solemnidad dignificaría nuestras muertes. Me tomé mi tiempo, decididamente no tenía prisa para morir y sólo añadí, al final, "gracias por haberme acompañado hasta aquí EL SHADDAI" –ya que este es de los nombres de Dios el que más me gusta, que significa en hebreo "Dios todopoderoso/Dios de las montañas"–. Y me sentí mejor cuando lo hice, esta última oración logró calmarme bastante. La repetí una 3 vez, exactamente igual que la anterior, sin ninguna variación. Cuando terminé, seguí repasándola mentalmente como un mantra mientras me acercaba al desfiladero.

En mi fuero interno trataba de buscar consuelo pensando que un milagro podía suceder. Me dije: "Soy un hombre de fe y estoy siendo puesto a prueba". Seguía visionando mi oración hasta que no pude avanzar más. Pensé "la repetiré esta 7 y última vez y voy a actuar con el denuedo que se le presupone a un hombre con valor. Voy a saltar, Jehová dio y Jehová quitó". Pero diferente es de lo que uno piense, de la realidad, ciertamente estaba temblando tanto que apenas podía estar en pie.

Pensaba "hazlo, lo vas a lograr", pero mi intuición me decía que no. Sin embargo, esta 7 vez fue diferente: resulta que en mi oración yo estaba aseverando algo que me salió muy natural, dándolo por sentado y, a la vez, pasándolo por alto –"Porque lo que sí sé es que por el acantilado es imposible."– Me concentré en estas 12 palabras estando ya en el mismo lugar donde había resbalado no hacía mucho, contemplando el salvaje y abrupto vacío que me separaba del río; ya a punto de saltar, cantó

El Tocororo, me alertó del peligro y de la errada decisión que había tomado, pude comprenderlo *ipso facto*, sé que las aves son mensajeras de Dios. Retrocediendo sobre mis pasos, respirando profundo y habiendo recuperado la compostura, vuelvo a pensar en El Tocororo y en aquellas 12 palabras que, no sería exagerado decir, influyeron bastante en salvarme la vida: PORQUE LO QUE SÍ SÉ ES QUE POR EL ACANTILADO ES IMPOSIBLE. Las repito y las repito reiteradamente, hasta que ya sé a ciencia cierta, totalmente convencido y sin ningún género de dudas, que por el acantilado no es el camino. Esto es algo muy positivo porque por descarte, por aquí no es. ¿Pero entonces, por dónde es? "Piensa Bellamy, piensa." –Tienes que hacerlo solo y vas a lograrlo–.

Y así, como de la nada, me vino a la mente un aforismo de Joseph Fouché, más conocido como el Duque de Otranto: **"El mejor estratega es el que avanza al lugar indicado y retrocede en el momento preciso"**. Algunos afirman que Fouché lo copió de *El Arte de la Guerra* de Sun Tzu. Sea como fuere, ¿a santo de qué me venía esa información a la cabeza y, sobre todo, exactamente en ese instante? No obstante, la sigo repitiendo porque empiezo a intuir que me va a proporcionar alguna valiosa sabiduría y, tanto que sí, valiosísima, diría yo. Nosotros estratégicamente avanzamos al lugar indicado, sólo que no nos dejaron retroceder en el momento preciso. ¡Qué lástima!... Pero no es momento de lamentos, no puedo venirme abajo, simplemente no me lo puedo permitir. Tengo que sobrevivir sea como sea, ahora esta es mi mayor prioridad.

En fin, obligado por las circunstancias, me estaba convirtiendo incluso en un estratega, sacando fuerzas de flaquezas. Ni yo mismo conocía que tenía semejante resiliencia; bien decía Sócrates "Conócete a ti mismo". Era el momento de retroceder al punto exacto donde el propio camino nos sacó de nuestro camino. Sé bien que ese punto no está muy lejos, sólo tengo que bajar, más específicamente descender la ladera. El camino me irá hablando. Experimentando una frónesis sin precedentes y muy envalentonado me pongo su capa y sujeto con fuerza la mocha con mi mano derecha, me arrodillo porque quiero contemplar bien de cerca por última vez el cuerpo ensangrentado de mi gran amigo Albertico, me pongo su mochila a la espalda y le dejo su pistola en su mano, nunca la soltó y la dejó sin ni una bala, murió como los grandes y así siempre será recordado, me inclino y lo beso: "Perdóname hermano de mi alma, sé que ahora estás así por el gran error que cometí."–Perdóname si es que puedes hacerlo y, por sí de alguna forma aún quieres escucharme–. "Juro por mi honor sobre el brío que inmortaliza la faz de tu ser; con la mano puesta en tu honorable corazón, que, aunque ya no esté latiendo con la fuerza que lo solía hacer. Yo: Noel Richard Bellamy; prometo nunca más sentir miedo, ni siquiera atisbo de temor y pase lo que pase voy a tocar reja, por ti y por mí, lo haré, lo he pronunciado y te lo cumpliré." fue ahí entonces por vez primera que comprendí que semejante juramento, hace del corazón un desierto donde las penas y el miedo, no pueden crecer otra vez.

Guardo unos respetuosos minutos de silencio a su memoria, me pongo de pies lentamente y comienzo a caminar muy despacio hacia atrás sin dejar de contemplarlo y, con voz de sollozo, le dedico mi último escueto pero honorable adagio: "Usted nació varón; y eso de lo bueno es lo mejor, porque el varón que en su vida llegó a ser un hombre, no puede morir con más honor". Vienen a mi mente recuerdos de momentos que juntos vivimos, que por desgracia ya nunca volverán. ¡Amigo mío! ¡Amigo mío! El quejido de mi voz rasgada enuncia la aflicción de mi alma. Tratando de contener mis lágrimas, sólo consigo que el llanto de mi corazón sea más audible, quiero acallar el espanto que me produce el no poder disfrutar más de su compañía. –He tenido que aprender a las bravas que hay personas que no negocian con el temor, no pactan con la zozobra, no se alían con el deshonor, se ríen del miedo, menosprecian el acecho del infortunio, se blindan ante el terror con la coraza de su coraje y cabalgan sobre él con el robusto ímpetu de su dignidad–.

"He tenido que comprender a las malas que hay personas que disfrutan desafiando a la muerte, permaneciendo impávidas mirándola fijo cara a cara. ¿Es una osadía?, posiblemente, ¿ilógico?, tal vez, ¿demencial?, eso sin duda. Pero lo que nadie puede negar es que hombres así nacen cada varios siglos, sus hazañas perviven en el tiempo, es un orgullo conocerlos y, más que nada, un honor recordarlos". Me siento como el elegido heredero de una dinastía de guerreros legendarios, ahora comprendo lo que sintió el Profeta Eliseo cuando el Profeta Elías le traspasó su Bendición; sólo que Elías ascendió al cielo en un carro de fuego sin mediación de la muerte y mi amigo descendió al Seol[4] con la mediación de esta. Me queda de consuelo saber que aún ahí Dios puede Bendecir. En las Bendiciones del Patriarca Jacob a su hijo José, al final del penúltimo capítulo del Génesis, escrito está: "El cual te Bendecirá con Bendiciones del abismo que está abajo".

---

[4] N de la E: del hebreo: *She ol*. Región donde habitan los muertos.

Sí, incluso ahí Dios puede Bendecir. ¡QUE DIOS TE BENDIGA SIEMPRE HERMANO MÍO, DONDE QUIERA QUE ESTÉS!: –La distancia nunca es larga cuando se abraza con él corazón–.

Un silencio profuso invade todo el pareje. Es como si los animales quisieran de esa forma rendirle la más ceremoniosa despedida y darme su más sentido pésame. Aun la naturaleza se consterna por la pérdida de un hombre con valor.

Hoy, después de tantos años, se me sigue oprimiendo el corazón al recordar todos aquellos sucesos que sólo yo viví, ni la pérdida de mis padres me marcó y dolió tanto. Supongo que fue así porque era un niño… la verdad, no lo sé. Comienzo a descender exactamente por donde habíamos subido. Mi sensación de incertidumbre ante lo desconocido ha desaparecido, percibo fácilmente las huellas. Me siento en simbiosis con el entorno, avanzo rápido. Claro, "para abajo todos los santos ayudan", como dirían los antiguos del pueblo. Empiezo a llegar a la zona de las cuevas y las bayas espinosas, pero desde este ángulo noto de inmediato que las bayas desentonan con el lugar. No las vi antes y jamás las vi después. ¡Qué casualidad que solo estén en el medio de las cuevas por donde pasa el trillo!... Algo no me cuadra, aquí hay gato encerrado; yo diría que esto es obra de los jíbaros. Estoy loco por llegar al trillo original que bordea la ladera y quiero situarme.

Cuando estoy llegando, empiezo a recordar las palabras que le dije a mi amigo. –No tiene sentido subir la ladera–, y él que sí, que el trillo lo indicaba. Recuerdo haberle dicho que podíamos seguir fácilmente bordeando la ladera, aunque no hubiera trillo y él, que no y que no. Pues bien, ya estoy aquí y, con amargura, compruebo que caímos en la trampa de los caminantes nocturnos: hicieron el trillo hasta arriba, lo desviaron lo más que pudieron y, para disimular, pusieron las bayas espinosas para que pareciera que era un lugar inaccesible que, para colmo, llega a esa cornisa e invita a pensar que efectivamente ese es el camino y hay que arrojarse por ahí. La verdad, muy bien pensado. ¡Sabrá Dios cuántas personas habrán muerto en ese punto fatídico!, "si este tipo de gente acostumbrada a instaurar el mal invirtiera su tendencia y la utilizara para hacer el bien, el mundo sería un lugar mucho mejor", de eso estoy completamente convencido. Pero ese engaño para mí no es suficiente, yo soy más inteligente, más intuitivo, más valiente y sobre todo mucho más bendecido que ellos.

Empiezo a bordear la ladera ya sin trillo, pero avanzo fácilmente, demasiado para mi gusto. Dentro de nada ya voy a poder contemplar la Base, pero a ras del suelo. Algo me dice que disminuya el ritmo, pero ya quiero estar en campo abierto y que ninguna pared me impida la visión; de repente, lo consigo: ahí está de nuevo frente a mí la anhelada Base, sólo que mucho más cerca. Calculo que a todo dar habrá unas 7 cuadras. Es curioso, nunca la había visto y hoy la he contemplado en reiteradas ocasiones y de diferentes ángulos. No tengo tiempo que perder, aparte, ya tengo bastante sed de nuevo. El sol está en todo lo alto, calentando de lo lindo, por lo que sé que son casi las 12 del mediodía; ahora es cuando va a empezar a hacer calor de verdad, la propia capa me está quemando, prosigo campo a través, despejando la poca vegetación que me resiste el paso. Estoy imparable, ya casi toco la

Base, estoy a menos de 3 cuadras. De repente me encuentro con algo totalmente inesperado, pero ¿y esto qué es? Delante de mí, como de la nada o por arte de magia surgen 3 veredas perfectamente estructuradas, que nacen exactamente en el punto que me encuentro.

¿Otra vez acertijos del destino en mi camino? ¿O son los jíbaros de nuevo? Ya no sé ni qué pensar. Esto ya me tiene harto, lo peor es que nunca pueden ser eludidos. No estoy de humor ni para jueguitos. Contiguo a las veredas, cruces, no pocas, y no iguales a las que habíamos visto antes. Estas son cruces de Camposanto, ¿que estoy en un cementerio?, ¿que están imitando los norteamericanos a los Rusos –que, en su famosa prisión del Delfín Negro de los confines de la tierra, atrás de la cárcel tienen la fosa común de reclusos más grande del mundo–? Todos los que están ahí tienen la perpetua o ya han sido ejecutados. Ahí yacen los huesos de Chikatilo, el tristemente famoso Caníbal de Rostov. ¿Pero quiénes estarán enterrados aquí? Los de Al Qaeda, supongo, sé que los tienen en la Base, pero no sabía que los mataban… Bueno son sólo suposiciones mías, pero tampoco sería muy descabellado. ¿O esto son las tumbas de los que transportan los jíbaros, que en realidad los asesinan?, ¿o, por el contrario, son el lugar de descanso de la osamenta de quienes no eligen bien entre estos 3 últimos caminos?

Todo esto me da bastante mala espina. "Me pregunto en qué parará", la vereda que es recta es el sendero más rápido, pero el más evidente y, por lo tanto, es el que seguiría todo el mundo. Entonces me imagino que tendrá alguna trampa más para adelante. Así que por ahí no es. El sendero de la derecha me va a llevar a las torretas de vigilancia de la entrada, donde los guardias me van a disparar seguro; por lo tanto, queda descartado. Así que tiene que ser el de la izquierda, que es el que me va a dejar por atrás de la Base, tocar reja y pedir asilo o lo que sea. Ya ahí los guardias no me pueden hacer nada. Pues sí, no tengo dudas al respecto: es la vereda de la izquierda. Lo que no me queda claro es qué, quién o quiénes han hecho todo esto tan macabro y retorcido. Algo me dice que nunca lo sabré. ¡O sí!, ¿quién sabe? Como diría Franklin: "Lo principal en la vida es proponerse algo y las formas para ello se buscan infaliblemente, si no falta la voluntad".

Penetro por la vereda de la izquierda, expectante. El corazón me late con fuerza, llevo un paso firme y decidido, pero sé que "de cualquier malla te sale una rata", como diría mi abuela. No se percibe nada raro, el camino está despejado, perfectamente visible. Ya estoy muy cerca, puedo ver la ansiada reja, apuro el paso mientras guardo la mocha en la mochila, ya no me va a hacer falta, pero no quiero dejar tirado nada en el medio de la vereda, a unos 70 metros de coronar mi misión. Estoy tan emocionado, que empiezo a correr, olvidando todos los géneros de peligros que puedan estar acechándome. Lanzo la mochila lo más lejos posible de mí, cuando siento de repente como un bombazo y… ¡Ay, Ay, ¡qué dolor!, ¡mi pierna, mi pierna!

Desangrándome y con el dolor más intenso y penetrante que jamás nadie alcanzaría a figurar que una persona puede soportar, estaba ya a punto de desmayarme cuando aparecieron rápidamente los…

CONTINUARÁ

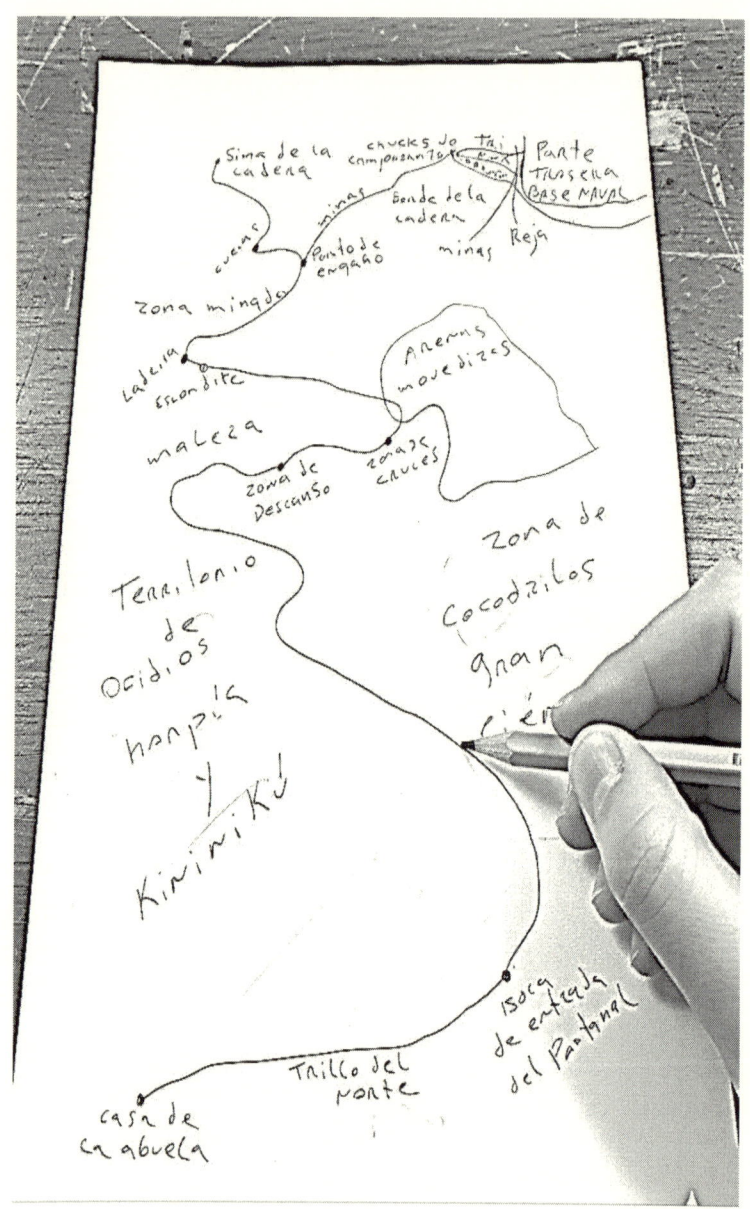

GLOSARIO SACRO

La Primera Columna Sagrada Perdida de Dios se compone de los **7** Números Santísimos

*El Primero de ellos es el **3** Significa: **DIVINIDAD** "EL DIOS TRINO", algunas Congregaciones lo denominan LA SANTÍSIMA TRINIDAD ya que en (1 Juan 5.7) hace referencia a que 3 son los que dan testimonio en el cielo y 3 son los que dan testimonio en la tierra.

Cuando este número se te repite, significa que eres un elegido de Dios y, por mucho que quieras evitarlo, sí o sí tendrás que hacer su voluntad. Nadie está capacitado para eludir el designio divino; mientras más tardes en hacer su voluntad, peor te irá. "Estarás vagando sin rumbo espiritual" –sin encontrar tu propósito y verdadera felicidad en esta vida–. Es el único número al que se le asignan los 3 COLORES y Las 3 PLANTAS Sagradas.
Las plantas son:
-La Higuera, conocida como la planta de la Vergüenza (Génesis 3.7).
-El Olivo, conocido como la planta de la Unción (Éxodo 29.21).
-La Vid, conocida como la planta de la Celebración (Juan 2.3) (Eclesiastés 9.7) (Proverbios 31.6 y 7).
Los Colores son:
-El Rojo, asociado al Juramento (Josué 2.17 y 18).
-El Azul, asociado al Recordatorio (Números 15.38 y 39).
-El Blanco, asociado a la Dignidad (Apocalipsis 3.4).

Por si fuera poco, los nombres de Dios que se meditan en la Cábala son de 3 letras: **SITAEL** es exactamente el

3 nombre de Dios, en hebreo *Samej-Yud-Tet*. La meditación de este poderoso nombre literalmente hace milagros. Me libero de toda tentación y sentimientos negativos, ahora soy libre para invocar este nombre y encender, de este modo, el poder de los milagros en mí vida; el ritual de que caiga agua en cada mano por la mañana, para su consiguiente purificación, se repite 3 veces y el archiconocido MODÉ ANÍ matutinamente, igual se repite 3 veces. Nunca olvides que tenemos 3 obligaciones en esta vida, primeramente, con Dios y sus Sagrados Mandamientos, después con nosotros mismos; con la elevación de nuestro espíritu y la purificación de nuestra alma y, finalmente, con el amor al prójimo. Como pueden apreciar, estamos en presencia de un número muy especial, ¿qué duda cabe? Pero como solía decirme mi gran amigo Albertico, **ESTO EMPIEZA AHORA**, así que acomódense porque lo mejor está por llegar.

*El Segundo de los Números Santísimos de Dios es el **7** y posee doble significado: El Primero: **CONSAGRACIÓN** (Éxodo 29.35) (Levítico 8.33) (Ezequiel 43.26) El Segundo: **SACRIFICIO** (Ezequiel 43.25). Este número cuando se te repite te habla que tienes que hacer sacrificios para lograr determinados objetivos en esta vida, que se extienden en diferentes ámbitos. Siempre recuerda que tus acciones en esta vida repercuten en la venidera, ya lo dijo Napoleón Bonaparte Emperador de los franceses: EL TRIUNFO ES DE LOS QUE SE SACRIFICAN.

ESTAS SON LAS 7 ÚLTIMAS EXPRESIONES DE EL MISERICORDIOSO EN LA CRUZ:
-Padre, perdónalos porque no saben lo que hacen. (Lucas 23.34)
-De cierto te digo que hoy estarás conmigo en el Paraíso.

(Lucas 23.43)

-Mujer, he ahí tu hijo, hijo, he ahí tu madre. (Juan 19.26 y 27)

-¡Dios mío! ¡Dios mío! ¿Por qué me has desamparado? (Mateo 27.46) (Marcos 15.34)

-Tengo sed. (Juan 19.28)

-Consumado es. (Juan 19.30)

-Padre, en tus manos encomiendo mi espíritu. (Lucas 23.46)

Considero apropiado recordar los 7 PECADOS CAPITALES: Gula, Avaricia, Soberbia, Ira, Lujuria, Pereza y Envidia; siempre, por mucho que no lo reconozcamos, al menos uno de estos pecados nos alcanza, así que hay que estar en perenne oración para diluirlos.

LAS 7 FIESTAS SOLEMNES DE DIOS

-PESAJ (Pascua): Salida de Egipto.

-HA MATZOT (Panes sin levadura): Revelación de la fe.

-BIKKURIM (Primicias): Ofrenda por la abundancia de la tierra.

-SHAVUOT (7 Semanas de la salida de Egipto): Conmemoración de la entrega de la Torá.

-YOM TERUAH (Trompetas en el mes 7): Día de arrepentimiento y arrebatamiento.

-YOM KIPUR (Expiación en el mes 7): Juicio a las naciones.

-SUCOT (Tabernáculos 7 días): Conmemoración de los 40 años en el desierto.

El 7 nombre de Dios es **AHAIAH**: en hebreo *Alef-Kaf-Alef*. Literalmente significa EL ADN DEL ALMA. Con la meditación de este poderosísimo nombre recibes nada menos que el impacto total de las fuerzas de la Creación. Restablezco el significado de mi vida, que a menudo se siente falta de propósito en un mundo que muchas veces no parece tener sentido. El orden retorna. Emerges como estructura bendita y todo queda en perfecto orden, obtienes la llave para acceder a deliberar sobre los misterios del creador, eres una voz autorizada para revelar los ARCANOS DE DIOS.

*El Tercero de los Números Santísimos de Dios es el **10** y Significa: **CORRECCIÓN**.

Los 10 MANDAMIENTOS (Éxodo 20.3-17) (Levítico 23.27) Cuando se te repite este número significa que estás falto de corrección y tú eres alguien muy importante para Dios. No obstante, por muy importante que seas para ÉL, si dejas camino por vereda, te va a ir realmente mal. Ni por un momento vayas a pensar que tu dinero podrá librarte de futuras calamidades o calmar tus ansias miedos e inquietudes (Proverbios 10.24) e, incluso cuando empieces a hacerlo bien, al principio te irá mal, porque te estará alcanzando tu TIKÚN (La Corrección). Por eso se recomienda recitar 10 Salmos específicos conocidos en la tradición Judaica como TIKÚN HAKLALI o TIKÚN OLAM.

A este número se lo conoce como El VIRREY, asociado a José y su gran corrección, a quien el faraón bautizó ZAFNAT–PANEA (Océano de Sabiduría). Ya todos sabemos que 10 de sus hermanos lo vendieron a los Ismaelitas; lo que no todo el mundo sabe es que estuvo 10 años presos por un delito que evidentemente nunca cometió. Escudriñen desde que José aún no es mayor de edad, que es transportado a Egipto (Génesis 37.2) hasta

(Génesis 41.46) que había pasado holgadamente los 29 años, se percatarán de que cuando José interpreta el sueño del copero llevaba bastante más de 7 años preso, hay un espacio de tiempo de 10 años donde él tuvo que pagar condena y demostrar gran corrección. Sin embargo, nada de eso hizo mella en su personalidad y generosidad. Tal es así que, cuando mandó a buscar a su familia a la tierra de Canaán durante la gran hambruna, le mandó a su padre 10 asnos cargados de lo mejor de Egipto y, no bastándole, añadió 10 asnas cargadas de trigo y pan (Génesis 45.23).

Hablando de Egipto, considero oportuno recordar la gran Corrección que tuvo que soportar con las 10 plagas.
-Sangre (Éxodo 7.20 y 21)
-Ranas (Éxodo 8.6)
-Piojos (Éxodo 8.17)
-Moscas (Éxodo 8.24)
-Pestilencia del ganado (Éxodo 9.6)
-Sarpullido con úlceras (Éxodo 9.10 y 11)
-Trueno con granizo (Éxodo 9.23)
-Langostas (Éxodo 10.14 y 15)
-Tinieblas (Éxodo 10.22)
-Muerte de los primogénitos (Éxodo 12.29)

Creo que está de más hablar del Diezmo, si quieres enriquecer tienes que diezmar sí o sí; sencillamente no es optativo. Aunque si no quieres enriquecer, no pecas actuando muy prudentemente, porque al que mucho se le dio, mucho se le exigirá, (Lucas 12.48). No obstante, al que sabe hacer lo bueno y no lo hace se le cuenta por pecado (Santiago 4.17). –Y eso que dicen que en El Nuevo Testamento no se habla del Diezmo, te mintieron grotescamente–; para muestra un botón: (Mateo 23.23), de hecho, se habla en reiteradas ocasiones (Lucas 11.41), recuerda que el Diezmo es la limosna de Dios y si no lo das incurres en avaricia y eres considerado un ladrón, por eso el Misericordioso les dice "Nunca os conocí, apartaos de mí hacedores de maldad (Mateo 7.23)". El Diezmo es algo sagrado, hasta tal punto que, cuando lo das te proteges de malos ojos y brujerías cualesquiera que sean estas; Sí, lo repito, ningún conjuro, magia negra, trabajo del maligno, rezo del Baal–zebub ni absolutamente nada tiene el poder de tocarte. ¿Por qué piensas que El Patriarca Abraham le dio al sacerdote Melquisedec el Diezmo de todo? (Génesis 14.20), pues ya lo sabes. El Diezmo es un prodigioso Talismán Divino Bendito y super protector hasta donde no alcanzas ni a figurarte, pero hay que cumplir determinados preceptos, como, por ejemplo:

-Es lo primero que se separa cuando se cobra, –es La Primicia–.

-La cantidad no puede ser inferior al Diezmo, porque no se te cuenta por justicia, puede ser más, pero nunca menos.

-No se retiene en tu mano una vez ya lo tengas.

-Se lo tienes que entregar a un Varón de Dios que ha alcanzado buen testimonio delante de Dios y de los hombres, por último, pero no por ello menos importante, se tiene que dar de corazón, disfrutando de poder hacerlo. Un dato que no es baladí es el consenso que existe entre el Judaísmo y el Cristianismo: que la única manera que se puede probar a Dios y no pecas es a través del Diezmo (Malaquías 3.10). Yo les puedo asegurar, de que funciona, funciona. Personalmente he llegado a una iglesia cuando ya se ha acabado El Culto y al Pastor le he entregado mi Diezmo, me he dado la vuelta y he salido muy gozoso, no sin que antes hayan orado por mí, claro. No es que haya despreciado el culto, sino que por alguna razón no he podido asistir, pero mi Diezmo sí siempre está presente. Ese no es tú dinero y si no lo das le robas a Dios, que te quede claro. En realidad, no tienes que complicarte tanto para Diezmar, porque Oras antes de hacerlo y ya El Señor te enviará una señal del camino que debes tomar y, sobre todo, a la persona de su agrado que tendrás que depositárselo en sus manos. Así es, te guste o disguste, lo que haga El Pastor con él no es de mi incumbencia. Pero, aparte, si el Pastor se enriquece, bien merecido lo tiene porque él se encarga de los asuntos de nuestro Santísimo Creador, ni que por la mente te pase que en la antigüedad los sacerdotes eran pobres, más bien todo lo contrario, mucho menos un Sumo Sacerdote que es lo que viene siendo un Pastor hoy.

También es mi deber informarles que para que enriquezcan Diezmando existe un espacio de tiempo que se comprende entre los 3 años, como mínimo, y los 12 años como máximo, desde que se Diezmó por primera vez. La media es de 7 a 10 años (Levítico 19.23-25). Puedes ver también el Diezmo como una inversión o siembra en el reino de Dios, y en su debido momento se te retornará el Céntuplo de cada grano que hayas plantado con fe, siempre que se hayan cumplido las premisas que expliqué con anterioridad y no hayan faltado a ninguna mensualidad de Diezmo, porque si la hubo sólo han retrasado su bendición. Recuerda que Jehová dice: "Traed **TODOS** los Diezmos al alfolí", no dice trae los que tú quieras. –Pues sí señores, es una Corrección, no cabe duda– Así que trata por todos los medios de no terminar en la: "KIBROT-HATAAVA –(TUMBAS DE LOS AVARICIOSOS)– (Números 11.34).

Es verdad que estar años Diezmando y no percibir absolutamente nada, no es precisamente ni fácil ni mucho menos agradable, es bien duro… pero también recuerda que estuviste décadas sin hacerlo, o sea robándole a Dios. Una máxima que los ancianos de las congregaciones dicen a los jóvenes para que ellos se mantengan en la Corrección es: "DICE DIOS, OCUPATE DE MÍ Y YO ME ENCARGARÉ DE TI".

Este número está por encima de absolutamente todos los números Sagrados de Dios, pertenezcan a los Santísimos, a los Santos, a los Simbólicos, a los Enigmáticos, a los Predicadores, a los Sacerdotales o a los Redentores, incluso a los Ambiguos. La única excepción es el número 12, con él comparte EL VIRREINATO, sólo que el 12 está por encima del 10. Como no te diste cuenta, voy a tener la amabilidad de hacértelo saber, CORRECCIÓN tiene 10 letras. También voy a tener la amabilidad de hacerte saber el 10 nombre de Dios: **ALADIAH** en hebreo *Alef-Lamed-Dalet*, EL RESGUARDO. Con la meditación de este excelso nombre potencias un escudo de energía positiva que te envuelve, proporcionándote protección ante las miradas de envidia de los otros y sus pensamientos nocivos. Se sabe que el mismísimo Salomón se resguardaba con él, no en vano escribió (Proverbios 27.4).

*EL Cuarto de los Números Santísimos de Dios es el **12**. Este es el principal y más magnánimo entre todos los números habidos y por haber. Ninguno se puede comparar con él. Es conocido como el número de **La Perfección**: 1 El Padre y 2 El Hijo y Espíritu Santo, 12 son Las Tribus de Israel, 12 son Los Apóstoles, 12 años tenía Talita cuando fue resucitada por El Misericordioso, 12 fueron los hijos de Ismael que fueron príncipes, 12 años vivió Ismael sin ser circuncidado, 12 años llevaba enferma de flujo de sangre la mujer que tocó el Santísimo Manto del Misericordioso y fue sanada inmediatamente, los niños judíos tienen que estar 12 años sin leer La Torá y las niñas a los 12 años es que se le permite, 12 son las horas del día y 12 las de la noche, 12 los meses del año, justo a las 12 acaba un día y empieza otro.

Nosotros queramos o no, vivimos marcados diariamente por el 12, de tal manera que no es descabellado asegurar que nos rige la vida. Su significado es: **VIDA ETERNA** (Tito 1.2) Nuestra constancia en el ahondar en la santidad de Dios nos lleva a la Perfección y esta, a la Vida Eterna. No en vano dijo el Misericordioso: SED, PUES VOSOTROS PERFECTOS, COMO VUESTRO PADRE QUE ESTÁ EN LOS CIELOS ES PERFECTO. (Mateo 5.48). Es tan Perfecto que, incluso en su *Gematría Bíblica*, en Tito capítulo 1 versículo 2 lo puedes constatar. Es tan Perfecto que te he puesto antes 12 ejemplos de los famosos doce 12… y no te has percatado. Es tan perfecto, que en La Sagrada Columna de los números Santísimos ocupa el lugar central, en el cuarto puesto: 3 le quedan por encima y 3 por debajo, cuatro por 3 igual a 12. JEHOVÁ SOLAMENTE SUMA Y MULTIPLICA.

Podría citarte muchísimos otros pasajes bíblicos que incluyen el 12 que, si yo no te los menciono ahora, en la vida los habrías notado, ejemplos:
-Las 12 Piedras del Jordán (Josué 4.3)
-Los 12 Gobernadores de Salomón (1 Reyes 4.7)
-Las 12 Piedras Preciosas del Antiguo Testamento (Éxodo 28.17-20)
-Las 12 Piedras Preciosas del Nuevo Testamento (Apocalipsis 21.19 y 20)
-Las 12 Yuntas con que araba el profeta Eliseo (1 Reyes 19.19)

-Los 12 Bueyes del templo de Salomón (2 Crónicas 4.4)
-Los 12 mil Guerreros que ordenó Jehová a Moisés enviarlos a la venganza contra Madián (Números 31.5)
-Los 12 Valientes de cada ejército (del de Saúl y del de David) que se batieron a muerte en el estanque de Gabaón, más conocido como Helcat-Hazurim "Campos de filos de espada". ¿Por qué fueron exactamente 12 de cada bando? Como dato es bastante curioso, ¿no crees? (2 Samuel 2.16)
-Los 12 Exploradores (Números 13.2-15)
-Las 12 Fuentes de agua en el desierto en un lugar llamado Elim (Éxodo 15.27)
-Las 12 Varas (Números 17.2)
-Las 12 Cestas que sobraron cuando El Misericordioso multiplicó panes y peces (Juan 6.13)

Así se repiten muchísimos más. El 12 es el número de doble dígito que más se menciona en La Biblia con diferencia y, es el que más inadvertido pasa. Tal es así, que te acabo de dar otros 12 ejemplos más de su presencia y, posiblemente, lo hayas pasado por alto de nuevo. Este es el único número que jamás se te va a repetir y mientras más trates de buscarlo, menos lo encontrarás, es el más esquivo de todos. Un simple 12 es buen augurio. Dos 12 son Las Ventanas de los Cielos Abiertas, sencillamente es celestial.

El 12 nombre de Dios es **HEHAIA**: en hebreo *He-He-Ayin*, AMOR INCONDICIONAL, que es el que Él siente por nosotros. Cuando medito en este sublime nombre de Dios, me impregno de su amor y creo armonía a mi alrededor, donde todo fluye de manera natural. Paso inadvertido, pero bien conocido, como escrito está (2 Corintios 6.9). Accedo a otra dimensión cuando sencillamente mi cuerpo está inundado del Amor de Dios, disfruto cada instante y puedo influir positivamente en los que me rodean; soy luz que brillo con mucha intensidad y nadie me puede apagar, evitando juicios deleznables y partiendo toda coyunda de maldición generacional.

*El Quinto de los Números Santísimos de Dios es el **29**. Este es el más desconocido y subestimados de todos los números Santísimos y, añadiría, de todos los números en general, pero es igual de Diáfano, Solemne y Majestuoso que los anteriores números Santísimos; su significado es: **ORACIÓN**, Pedro y Juan, ambos subían al templo a la hora novena para orar (Hechos 3.1).

Cuando el 29 se te repite te está hablando que estás en tinieblas y necesitas despejar tu vida de toda inmundicia. Por supuesto, tienes que empezar y terminar, como no, por la oración. La oración es algo básico, estructural, elemental y cúspide para tu relación con tu Creador. Por la oración sencillamente, suceden Milagros, hechos sin explicación, transformaciones a bien donde ya no había esperanza. Siempre recuerden que la esperanza –contrariamente a lo que todos piensan– "no es lo último que se pierde, sino lo último que nace cuando todo parece perdido". Este número también te puede estar hablando de que serás una persona infravalorada, el mismísimo José el Virrey de Egipto fue menospreciado exactamente sus primeros 29 años de vida (Génesis 41.46). Pero si sucede esto no es del todo malo, porque puedes demostrar tu valía y desconcertar e impresionar a todos en un momento determinado. Sobre este tema, siempre pongo el ejemplo del abecedario Castellano que en realidad posee 29 Letras. Desconozco por qué se omiten los dígrafos, "CH" y "LL" que, en cambio, son totalmente imprescindibles:

¿cómo mencionas churro, cachorro, chocolate, chistoso, chorizo o llegar, amarillo, estrellado, brillante? Es taxativamente imposible pronunciar esas palabras sin sus respectivos dígrafos, así mismo será contigo: te subestimarán y después se percatarán de su craso error.

Si naciste un 29 dalo por hecho, serás alguien a quien no le reconocerán su justo valor. Pero, si haces la voluntad de Dios, Él te depositará en el sitio que te pertenece; yo también nací un 29 y puedo dar fe de esto. Por si te lo estas preguntando, quienes nacieron un 29 de febrero también están sujetos a todas estas condicionantes.

El 29 nombre de Dios es: **REIYEL** en hebreo *Resch-Yud-Yud*. Su mención y meditación es para eliminar el odio que uno pueda sentir o cualquier género de negatividad que no nos deja avanzar hacia una vida placentera, sin traumas, psicosis, depresiones, bajones anímicos, episodios de demencia transitoria o de baja autoestima. Sé que a esto último la gente común no le confiere importancia alguna, pero si usted está leyendo esta octología, es prueba suficiente de que está buscando de Dios. Por lo tanto, no puedes ser común, como escrito está: "LO QUE DIOS LIMPIÓ, NO LO LLAMES TU COMÚN" (Hechos 11.9)

*El sexto de los números Santísimos de Dios es el **40** Este sí es un coloso, un verdadero peso pesado, significa: **CASTIGO** (Deuteronomio 25.3) (Génesis 7.4). Cuando este número se te repite, tu castigo es inminente, pero puede ser revertido si te retractas. Si lo ignoras, lo lamentarás. Créeme. Algunos me han acusado de ser pro-judío, quienes han olvidado que la salvación viene de los judíos (Juan 4.22) o, tal vez, nunca lo hayan sabido. Pero, como dice la ley de los hombres "el desconocimiento de la ley, no te faculta para incumplirla" y por si fuera poco (Génesis 12.3) –Benditos los que te Bendigan y Malditos los que te Maldigan–; hay que ser muy obtuso para atraerse el infortunio, recuerden que los judíos están designados para soportar el odio, sólo tendrías la capacidad de destruirlos, amándolos, y como esto es un absurdo en sí, también lo es el hecho de que quieras tenerlos de enemigos, como dirían en Colombia: AL QUE ESTÁ QUIETO, QUIETO SE LE DEJA o QUIETO DEBE CONTINUAR. Estarías luchando contra un pueblo que ya Jehová le ha entregado la victoria. Es como dicen los antiguos, "nunca trates de hundir tus penas en el alcohol, ellas están perfectamente diseñadas para flotar" –en buen cubano, "es por gusto que te molestes"–. Si Dios bendijo, ni Balaam ni absolutamente nadie puede hacer nada para impedirlo (Números 22.12). Personalmente me esfuerzo para alejarme de cualquier género de inmundicia, hay que tener mucho cuidado de con quién se habla y, sobre todo, de lo que se habla. Puesto que te puedes atraer mucho mal si le das rienda suelta a tu insensatez.

La buena noticia es que tenemos el 40 nombre de Dios: **YEIAZEL** en hebreo *Yud-Yud Zayin*. Su mención y meditación es para purificar el léxico: te hace encontrar en cada instante la palabra adecuada para agradar a Dios y a los hombres. Esto último es dificilísimo, casi imposible y, por si fuera poco, también tiene la facultad de evitarte tentaciones, acuérdate que es mucho más fácil evitar una tentación que soportarla. El único caso en que huyas, en que nunca se te va a considerar cobarde, es si huyes de la tentación. "Una retirada a tiempo no es acto de cobardía", escuché una vez. Al contrario, como poco, se te va a considerar muy perspicaz, que para los tiempos que corren, serías un *rara avis*.

El mismísimo nuestro Señor Jesucristo El Misericordioso, estando tentado por el maligno durante 40 días y 40 noches, alcanzó la victoria y se libró del castigo (Mateo 4.1-11). No en vano La Alabanza lo dice: EL VICTORIOSO VIVE EN MÍ. Ya lo sabes, en ningún caso dejes que te abrace el 40, es más fuerte que el abrazo del oso y ejerce mucha más presión que una pitón reticulada. Literalmente es una apisonadora y te va a pasar por arriba, así que entérate de una bendita vez, que muy posiblemente estés en CUARENTENA.

*El Séptimo y último número Santísimo de Dios es el **70** Si piensas que por ser el último es menos importante, definitivamente no tienes ni idea y demuestras tu ignorancia, como decía Albertico: "El verdadero ignorante es el que ignora que es un ignorante". Significa: **GRAN CASTIGO.** (2 Samuel 24.15) (Isaías 23.15). Cuando se te repite, aparte de informarte que tu Gran Castigo es inminente, aunque te retractes, ya es tarde. Tenlo por seguro que vas a pagar la ignominia. Así le pasó a Cuba que, durante La Segunda Guerra Mundial, le impidió a un barco repleto de judíos que huían de los nazis, que desembarcara en el puerto de La Habana. Se le llamó "El Barco de La Ignominia". No bastándole esto, 3 años más tarde en la ONU, tuvo la infeliz idea de, junto con otros 12 desafortunados países, votar en contra de la reunificación del Estado de Israel; lo cual ya estaba más que profetizado hacía literalmente milenios, por varios grandes profetas como (Isaías 51.11) (Jeremías 50.4 y 5) (Amós 9.14) (Ezequiel 37.12) que, de todas, todas, acontecería

"NO SE PIERDAN LOS PAÍSES, NO TIENEN DES-PERDICIO": Afganistán, Arabia Saudita, Egipto, Grecia, India, Irán, Irak, Líbano, Pakistán, Siria, Turquía, Yemen.

Sobran presentaciones y disertaciones del producto, todo lo resumiría en un simple: "SIN COMENTARIOS". Otros 10 países no fueron tan insensatos y se abstuvieron; aunque así dijo El Señor: "El que no es conmigo, contra mí es; y el que conmigo no recoge, desparrama" (Mateo 12.30) y también: "Pero por cuanto eres tibio, y no frío ni caliente, te vomitaré de mi boca" (Apocalipsis 3.16). Fueron: Argentina. Chile. China, Colombia, El Salvador, Etiopía, Honduras, México, el mismísimo Reino Unido, la extinta Yugoslavia, y finalmente Tailandia estuvo ausente; ¡Y ASÍ NOS VA! Es increíble, que un país que no respeta los Derechos Humanos como Cuba, sea signatario de La Carta Magna de las Naciones Unidas; inverosímil pero real como la vida misma.

Jehová castiga las naciones pérfidas por estadios de tiempos entre 40 y 70 años (Ezequiel 29.11-15) (Jeremías 25.12). Considerando que además hay algunas naciones, países o tierras que de por vida son inmundas (Amós 7.17); no hace falta dar ejemplos, ya todos sabemos cuáles son. La buena noticia para Cuba que en 2029 se acaba su maldición, la mala es que aún le quedan 3 años, que se les harán muy largos a los poco más de 7 Millones que quedan en la Isla. No obstante Cuba se puede consolar pensando que la maldición de Dios dura como máximo 70 años, porque la maldición de los hombres dura un siglo. Que se lo pregunten al Benfica: incluso la plantilla ha peregrinado a la tumba de su defenestrado entrenador húngaro Béla Guttmann para presentar sus respetos y que se acabe la maldición. Pero no funciona así, si estás maldito, lo pagas sí o sí. No es el único equipo en esa situación, también el América de Cali la tiene. Hay muchas personas que tienen diferentes tipos de maldiciones, incluidas las generacionales y ni siquiera son conscientes. El único que te puede librar de todo ello se llama JEHOVÁ.

El 70 nombre de Dios es **YABAMIAH**: en hebreo *Yud-Bet-Mem*. Su mención y meditación es para evitar que el maligno nos siembre cualquier género de dudas con respecto a la omnisciencia, omnipresencia y omnipotencia del SEÑOR JEHOVÁ DE LOS EJERCITOS EL QUE MORA ENTRE QUERUBINES, como escrito está en (2 Samuel 6.2). Con este Bendito nombre puedes impedir que te domine cualquier pensamiento obsceno y percatarte del plan maestro de Dios para tu vida. ¡Se dice pronto esto!, como también se dice pronto que:

Yo Noel Richard Bellamy soy el Colportor, o sea, el Portador de la S.N.S, que no es más que el acrónimo de La Sabiduría Numérica Sacra, pero no porque lo haya pedido, simplemente a mí se me ha concedido la inmensa fortuna de conocer absolutamente todo lo relacionado con este ínfimo acápite del libro de Dios. Desconozco el por qué y las razones, aunque si fuera por mí, hubiera pedido poder interpretar los sueños, pero en realidad el siervo no sabe lo que hace su Señor; simplemente acata órdenes y después tiene que decir, "Siervo inútil soy" (Lucas 17.10).

"Al que venciere, yo le haré Columna en el Templo de mi Dios" (Apocalipsis 3.12)

CONTINUARÁ

Índice

europa ediciones